후속세대
연구총서
①

정민지

안동대학교 민속학연구소 공동체문화연구사업단과 안동대학교 대학원 민속학과 4단계 BK21 교육연구팀에 소속되어 공부했다. 민속의 유동과 변환, 생성에 사회문화적 조건 안에서 활동하는 사람들이 연관되어 있다는 점에 관심을 두고 있다. 이 관심을 공동체문화 실천과 그것을 가능케 하는 동력에 대한 고민으로 이어 「공동체의 이산(diaspora)과 난민의 정동(affect) : '난민-공동체-되기'에 대한 탐색과 문제설정」을 쓰고 석사 학위를 받았다.

후속세대연구총서 ④

공동체의 이산과 난민의 정동

기획
국립안동대학교 민속학연구소
공동체문화연구사업단

지음
정민지

민속원

책머리에

민속학이라는 분과학문을 공부하는 것은 질문을 계속하는 일이었다. 다양한 방식으로 정의되는 민속학과 그 각각의 함의는 무엇이며, 민속이란 무엇을 뜻하는가? 우리가, 때로는 내가 민속이라고 포착하는 현상들은 어떤 특이성과 구별점을 지니는가? 많은 물음과 고려 속에서 민속은 그 자체로 변화하고 때마다 새로운 모습으로 나타났다. 갈무리되지 않고 계속 뻗어가는 생각들은 물음을 채 정돈해 주지는 못하지만, 언제나 연결이란 단어와 이어졌다.

민속이라고 이름 붙일 수 있는 문화적 양식은 어떤 한 개인이 완성할 수 있는 것이 아니다. 통시적으로 또 공시적으로 환경과 구성원 사이 긴장과 갈등, 합의와 조율을 통해 나타나는 현상은 그 자체로 함께 존재하는 방법이다. 이런 생각들을 바탕으로 삼고, 개체들이 같이 존재하는 것으로 활성화하며 공동체문화로 포착되는 현상과 그 의미를 집중하여 살펴보려 했다. 특히 이 현상에서 개체 간 마주침과 그로부터 촉발되는 정서의 움직임이 어떤 공동체의 결합에 잠재적인 매개로 작용한다고 보았다. 이에 주목하고 안동대학교 민속학연구소 공동체문화연구사업단에서 공부하는 동안 정동을 중심으로 공동체문화를 검토할 수 있는 작업의 가능성을 타진하기도 했다. 그 과정 중 학위논문「공동체의 이산(diaspora)과 난민의 정동(affect) - '난민-공동체-되기'에 대한 탐색과 문제설정」을 제출했다. 이 책은 그 연구를 부연하고 다듬은 것이다.

 흔히 외부로부터 유입된 존재라고 여겨지는 난민이란 존재 상황을 민속학적 논지에서 풀어내는 작업은 순탄하지 않았다. 그러나 그 이주와 정착을 공동체문화로서 주목하고 난민과 교차·중첩하는 정동을 분석하는 일은 현재의 민속연구 영역을 확장하는 작업으로서 의미를 지니고 있었다. 난민은 사회로부터 분리되어 경계지대를 부유한다고 고려되기도 하지만, 이들의 삶이 어떤 사회와 연관되어 연속되고 이어질 때, 난민은 그 사회와 접촉하고 있으며 때로 영향을 미치는 존재이자 행위자이다. 때문에 지금의 민속사회를 조망하기 위해서는 그 존재를 바라볼 필요가 있었다. 더불어 타자로 불리는 이들을 인식하는 것으로 민속연구의 문제 영역과 관점 역시 다층·다원화되어야 할 필요성을 논할 수 있게 되었다.

 제삼국재정착 제도를 통해 한국에 자리 잡은 카렌 난민들은 공동체로부터 분리되거나 이산·집합의 복합적인 과정을 겪었다. 이 과정은 난민 정동에 관계되며, 이로부터 발생하는 상이한 패턴들의 중첩을 통해 난민은 항상 새로운 양태로 변화한다. 이처럼 변이할 수 있는 능력과 가변성, 유연함은 서로가 접촉하고 교섭하며 촉발되는 것으로써 존재의 함께 있음을 예시하며, 이와 같은 관계의 방식이 생성하는 현상의 의미를 읽어볼 수 있는 단초가 될 것이다.

한 권의 책으로 만들어지긴 하였으나, 많은 상황과 여건들, 그리고 필자의 미진함이 더해져 연구에 미흡한 부분이 많다. 그럼에도 그간의 고민과 생각을 공유하는 것이 의미가 있다고 생각해 글을 내보이게 되었다. 부족한 부분은 독자들이 비판적으로 독해하여 주리라 생각하며, 다만 이 글이 독자들에게 여러 생각을 발생시키고 다각화할 수 있는 디딤판 역할을 맡을 수 있다면 크게 기쁠 것이다. 필자에게도 이후 부족한 부분을 보충하거나 성긴 내용을 가다듬을 기회가 있기를 소망한다.

약간의 지면이 허용된다면 이 자리를 빌어 가르침과 격려, 조언을 주시는 안동대학교 민속학과 교수님들께 감사드리고 싶다. 특히 필자의 서툰 생각을 살피고 지도하여 주신 이영배 교수님께 감사드린다. 힘에 부쳐 괴로워하던 시간을 무탈히 지날 수 있게 도와준 많은 친구들과 동료 선생님들께도 감사드리며, 나의 어떤 결정도 가만히 지켜보아 주는 다정한 가족에게 감사를 전한다. 갑작스레 문간에 나타난 낯선 학생을 받아들여 준 한국의 기독교도 카렌 지체들에게도 깊은 감사의 인사를 드린다. Eh Poe 목사님, Ople 전도사님을 비롯해 많은 도움을 주신 킨 미니스트리 관계자들과 오영철 선교사님께도 감사드리며, 그 외에도 마주한 우연한 계기들과 인연들에 감사하다. 이 글이 출판될 수 있도록 다양한 방면에서 신경을 기울이고 시간을 들여 살펴주신 안동대학교 민속학연구소와 민속원의 많은 분들께 감사드린다.

연구 기간에 많은 흔들림이 있었다. 여러 상황과 환경에 놓이며 나의 유약함이라고만 치부하기에는 어려울 갈등이 안팎으로 너울쳤다. 이 다양한 강도의 풍랑으로부터 나 역시 많은 관계들의 한 구성원임을, 그리고 그에 대한 책임이 있음을 언제나 새롭게 깨닫게 되었다. 앞으로도 수많은 갈등의 파장이 같은 순간을 살아가는 우리 모두에게 와 닿으리라 생각한다. 필자가 때로 떠올리곤 하는 기도문과 같이, 바꿀 수 없는 것을 받아들일 수 있는 평온과 바꿔야 할 것을 바꿀 수 있는 용기, 이 둘을 분별할 수 있는 지혜가 우리 모두에게 때마다 허락되길 바란다.

정민지

차례

책머리에   4

1장 민속사회의 타자와 이질성의 공존   11
1. 불가피한 혼종성과 민속의 인식   ···· 11
2. 성원成員으로서 이주민과 민속의 생성·변환   ···· 20
3. 이론의 설정과 '난민-공동체-되기'   ···· 27

2장 공동체의 이산 혹은 '난민-되기'의 다중 구조   39
1. 카렌족 난민의 발생 조건과 사회생태   ···· 42
2. '난민 캠프'의 형성과 민족의 구성   ···· 52
3. 기독교도 되기의 경로와 이유   ···· 62

3장 이주와 정착 혹은 재정착, '난민-공동체-되기'   79
1. 이산離散과 이주의 정치학   ···· 80
2. 정착 혹은 재정착 과정의 구조   ···· 90
3. 공동체의 경계들, 횡단과 배제의 서사   ···· 103

4장 '난민-되기'의 의례와 반反구조의 정치적 함의 **113**

1. '난민-되기'의 의례 구조와 기능적 함의 ···· **114**
2. 사회극적 장치로서 '난민-되기'의 정치성 ···· **127**
3. 체제의 반反구조로서 '난민-되기'의 효과 ···· **130**

5장 혐오의 반反윤리와 되기 혹은 정동의 윤리 **135**

1. 난민에 대한 한국사회의 지배 정동과 반反윤리 ···· **137**
2. 되기의 존재 역량 혹은 난민 정동의 윤리적 함의 ···· **146**

6장 '난민-공동체-되기'의 민속적 의미와 의의 **155**

1. 부재하는 타자 혹은 예외적 존재의 현존과 복권 ···· **158**
2. 문제 영역의 다층화와 관점 혹은 입장의 다원화 ···· **161**

7장 공동체의 이산집합, 경계의 타자와 정동의 윤리 **169**

참고문헌 177

부록1 난민법(법률 제14408호) 일부 발췌 **185**
부록2 한국거주민을 위한 카렌어 교재 **193**

찾아보기 205

1

민속사회의
타자와 이질성의 공존

1. 불가피한 혼종성과 민속의 인식

이 글은 한국에 자리잡은 미얀마 카렌족[1] 난민의 이주와 정착 과정의 의미를 민속학적으로 탐색하기 위해 수행한 연구를 바탕으로 쓰였

---

[1] 카렌족은 카인 주를 중심으로 미얀마와 타이 접경지역인 산지와 미얀마의 애야워디강 델타유역, 싯따웅강, 땅르잉강 유역에 거주하는 민족 집단이다. 19세기에 현재의 미얀마 지역을 식민화하려는 영국에 협력하여 주류 종족인 버마족과 적대했다. 식민행정에 주로 기용되었던 카렌족은 1920년대 부상한 버마 민족주의자들과 정치적 갈등을 빚고 정치적 박해를 받기 시작했다. 특히 카렌족 주요 군사 기지가 함락된 후에는 많은 카렌족이 타국이나 난민촌으로 이주했다(박봉수·김영순, 「카렌족 재정착 난민의 이동과 적응 경험에 관한 연구」, 『디아스포라 연구』 13, 전남대학교 세계한상문화연구단, 2019, 141~143쪽 참조). 자세한 카렌족의 역사와 이주의 특이성은 본문의 2장에서 다룬다.

다. 내용을 풀어 쓰기에 앞서, 이 글에서 연구 대상인 난민의 존재에 어떤 방식으로 접근하고 있는지 밝힐 필요가 있을 것이다. '민속학'이라는 단어를 통해 떠올릴 수 있는 여러 소주제 가운데 난민의 언급은 다소 의아하게 여겨질 수도 있기 때문이다. 물론 그간 민속학이라는 학문 범주 안에서 디아스포라와 이주민이라는 주제들로 다수의 연구가 진행되었지만 이로부터도 벗어나는 난민이라는 예외 상태는 통상 민족의 전통과 문화를 연구하는 것으로 여겨지는 민속학과 쉽게 이어붙이기 어렵다. 그러나 전승되는 과거는 물론이거니와 현재 한국에서 지속되는 문화와 관습을 연구하는 학문을 민속학이라 생각한다면, 그 문화와 관습 주체의 다양성에 대해 질문해 볼 수 있다.

2022년 2월을 기준으로 한국에 체류 중인 '외국인'의 수는 250만 명에 가까운 것으로 추산된다. 이는 체류자격을 부여받은 이들의 총계인 1,962,594명에 미등록, 또는 불법체류로 파악되는 이들의 숫자와 통계의 산술적 감시망에 포착되지 않는 이들의 수를 합해 어림잡은 값이다.[2] 숫자가 반드시 무언가를 뜻하는 것은 아니지만, 이렇게 수치화된 규모를 통해 이주민이 한국사회 구성원의 일정 부분을 차지하고 있음을 알 수 있다. 이주민들은 그 수만큼이나 다양한 배경을 지니고 현재 한국사회를 삶터로 삼아 살아가고 있다. 그러나 존재 규모에 비해 그 생활상이 여전히 낯선 것으로 느껴진다

---

[2] 국내에 체류 중인 이주민 통계에 대해서는 법무부 출입국·외국인정책본부, 『출입국·외국인정책 통계월보』, 2022. 2.를 참조.

는 점에서 이들은 평소 주변부에 밀려나 있는 존재 상황들에 대한 통찰을 제공한다. 따라서 이 글은 함께 살아가기에 이미 민속 현상에서 빗겨난다고 할 수 없지만, 비가시화되기 일쑤인 이주민이라는 존재, 더 나아가 국적 없는 자로서 한국사회에 위치되는 난민이라는 존재를 민속학이라는 경로에서 접근해 보려는 시도라고 할 수 있다.

국외에서 이주하여 한국사회에 거주하고 있는 사람들의 존재를 비가시화하거나 예외적으로 바라보지 않기 위해서는 우선 민속사회를 바라보는 인식의 전환이 필요하다. 다시 말해, 민속사회를 한 국가나 지방, 혹은 국지적인 전통 및 동질적인 정체성을 고수하는 체제로 생각하지 않을 필요가 있다. 본 연구에서는 민속사회를 변화하는 사회와 역사적 국면에 조응하는 것으로, 특히 동시대적 관점에서 민속사회를 전 지구적 자본주의 체제에 연동된 체제로 특성화하여 연구를 수행한다. 이를 통해 우리는 민속사회의 공동체 연구 영역이나 대상을 기존 연구 관행에서 확장된 범위로 사고할 수 있으며, 이주자의 존재를 예외적으로 바라보지 않을 수 있다. 구체적으로, 노동 혹은 혼인 등 다양한 이주 경로를 거쳐온 이들을 포함한 민속사회를 살필 수 있게 될 것이다.

이주민들이 국외로부터 한국사회로 유입되는 현상은 1990년대부터 특기할 정도로 본격화되었다. 그 유입의 영향으로 '다문화사회'라고 일컬어지는 문화적 변동이 발생했다. 이러한 변화는 지난 수십 년 사이에 걸쳐 관찰되었고, 또 담론으로서 등장했다. 이 문화적 변동은 민속학의 연구 관행에도 영향을 미친 바 있다.[3] 주목할 것은, '다문화사회'를 언급할 때 주로 사용되는 '다문화주의'라는 기치가 다양한 가치를 포괄하기 위해 사용되고 있다는 점이다. 그 용법은 고정되어있기보다는 조금씩 다르게 이용되고 있으나, 이해의 편의를 위해 이 의미들을 거칠게 축약하자면 '다문화주의'란 어떤 사회를 구성하는 다양한 인종·민족집단의 문화를 단일 문화로 동화시키지 않고 문화적 차이에 상관없이 서로 존중하며 공존하게끔 하는 데 그 목적이 있는 이념체계라고 할 수 있다.[4]

그러나 한국사회에서 다른 것, 이질적인 것에 대한 부대낌은 대개 불편한 느낌, 즉 배타성과 편견을 동반했다. 국적이 다른 이주자들이 한국에서 온정적이거나 시혜적인 태도와 정책을 허가받는 경우는 대개 이들이 한국의 문화와 사회체계를 거스르지 않는 존재가 될 때였다. 다문화정책 및 프로그램 역시 이민자들의 자국 문화를 일부 인정하면서도, 이들의 한국사회 적응과 관련된 교육에 초점이 맞추어져 있어 끝내 국가 단위의 사회문화적 동질성을 강화시키는 역할을 수행한다는 점이 지적된 바 있다.[5]

---

[3] 한 예시로, 2011년의 한국 민속학자 대회는 바로 이 '다문화사회'를 키워드로 삼고 민속문화의 역할 또는 교육을 대주제로 삼아 전라남도 해남군에서 개최된 바 있다. 사단법인 한국민속학술단체연합회와 국립민속박물관, 전라남도가 공동 주최한 이 학술대회에서는 '다문화사회와 민속문화의 역할 또는 교육'을 주제로 8개의 발표와 토론이, '전남 지역 민속 주제 발표'를 주제로 4개의 발표와 토론이 진행되었다. 행사 첫날에 대학(원)생 현상논문 시상식이 진행되었고, 이틀간 전남 민속문화 심층조사연구 포스터 발표회에서 매일 5개의 발표가 학술논문 발표와 병행되었다.

[4] 윤인진, 「한국적 다문화주의의 전개와 특성」, 『한국사회학』 42(2), 한국사회학회, 2008, 73쪽.

[5] 윤인진, 「한국적 다문화주의의 전개」, 『국토』 2010년 4월호, 국토연구원, 2010, 8쪽.

결국 이주민은 한국사회의 타자로서 기존 사회질서에 편입·동화되거나 여기에서 벗어나는 곳에 위치하기를 반복한다. 이처럼 개별자의 특이성을 표준화하려는 시도와 차이에 대한 인식이 차별로 작동하는 현재의 윤리적 문제는, 이 연구가 문제 삼고 있는 난민을 민속학적으로 연구할 수 있는 경로로 연결된다. 한국사회에서 난민은 주변화된 존재이면서도, 그 존재가 주목될 때면 극단적인 대립과 갈등, 혐오와 깊이 연관되어있는 타자로서 자리매김한다. 따라서 연구대상으로서 난민을 주목하려는 이 시도는 공동체의 윤리적 차원에 대한 물음과도 관계를 지닌다.

특히 난민이라는 예외 상태에 처한 존재에 관심이 부재한 민속학의 연구 차원에서도 현재의 상태를 쇄신할 수 있는 시도가 필요할 것으로 보인다. 민속학이 사회적인 연구 부문에서 현재성을 담고자 할 때, 지금 한국사회의 난민을 둘러싼 문제 영역은 기존 민속학의 한계 영역을 가시화할 수 있는 지점이자, 그 경계를 확장하거나 해체할 수 있는 가능성의 지대이다. 이 연구는 이와 같은 필요와 의의 속에서 난민 연구를 통해 민속학의 연구 영역을 확장하고, 궁극적으로 그 주제 영역을 현재화·다양화하려는 시도이다.

한편, 이 연구 수행의 계기가 된 한국의 카렌족 난민이 태국-미얀마 국경지대에서 난민이 되는 상황과, 한국에 재정착난민으로 입국하기까지의 과정은 종교 활동과 밀접한 관련을 지니고 있다. 카렌족 난민이 한국사회에 진입하는 경로에는 기독교의 선교 활동이 일부 매개되어 있으므로, 이 연구는 난민을 대상으로 삼아 민속학의 연구범주를 넓히려는 동시에, 종교 현상을 본 연구의 또 다른 문제 영역으로 삼아 민속종교의 주제 영역을 확장하려는 시도를 겸하려 한다.

민속종교 현상은 근대 이전 사회에서 연속성·변이성·선택성을 근간으로 전승되어 왔다. 기존 연구에서 민속종교의 연속성은 대체로 민속종교의 본질적 측면을 뒷받침하는 특성으로 이해되는 것으로서, 변이성과 선택성은 대개의 경우 이 연속성을 근간으로 이해되고 있다. 변이성과 선택성은 민속종교 현상이 구체화되는 상황에 조응하여 그 형태와 내용이 변화했거나, 변화하고 있는 양태의 특성을 반영한다. 이러한 이해는 민속종교의 외연을 확장함과 동시에 그 현재성을 중시하고자 하는 지향이 담겨 있는 것이다. 그러나 연속성이 중시되는 연구 관점은, 역사적 변화에도 불구하고 민속종교의 본질이 탈색되거나 소멸, 혹은 대체되지 않고 계속되고 있다는, 혹은 계속되어야 한다는 이상이 담긴 것이라 할 수 있다.[6]

---

[6] 종교현상의 혼합이 서로 수렴되면서도 기존종교의 전승력을 담보하거나 그 본질적 가치를 반영하는 것으로 이해하는 것에 대해서는 김명자, 「가신신앙과 외래종교의 만남」, 『민속문화가 외래문화를 만나다』, 집문당, 2003, 149~167쪽; 김영수, 「한국 가톨릭의 신앙행위와 민간신앙적 요소의 상관성 연구」, 편무영 외 지음, 『韓國宗教民俗試論』, 민속원, 2004, 183~205쪽; 안혜경, 「마을신앙과 외래종교의 만남」, 『민속문화가 외래문화를 만나다』, 집문당, 2003, 169~187쪽; 이복규, 「한국 개신교의 특이현상들에 대응되는 민간신앙적 요소들」, 편무영 외 지음, 『韓國宗教民俗試論』, 민속원, 2004, 157~181쪽; 이성희, 「개신교 세시 풍속 사례 연구」, 『한국민속학』 59, 한국민속학회, 2014, 235~262쪽 등의 연구를 참조. 각 연구는 종교민속연구를 수행거며 종교적 요소들의 접점을 가시화하고 다양한 현상을 비교연구하며 민속종교 현상이 각 상황에 조응하며 생성하는 의미와 기능, 형태를 살피고 상관성을 밝혔다는 것에 의의가 있다. 동시에 '원형'에 대한 개념 수립의 어려움을 인정하면서도, 종교현상의

습합習合은 무속의 전승 원리로서, 유교, 불교, 도교와 무속의 요소들이 상호 절충·변용되어 토착화하는 것을 표현하기 위해 사용되었다.[7] 특히 습합이라는 용어는 그 장기지속적인 종교적 특성을 표현하는 용어로 볼 수 있는데, 무속은 외래 종교와의 마주침에도 본질을 유지하면서, 외래 종교에 무속적 특징을 반영하는 것으로 존속해왔다는 관점을 나타내는 것이다. 그러나 습합이 종교적 혼합이라면, 다시 말해 각기 다른 종교가 서로의 요소를 받아들여 공존하는 현상을 나타내는 것이라면 이를 싱크리티즘[8]으로 이해할

    기존 요소들이 유지되며 새로운 것들이 덧붙여졌다거나, 새로운 요소들로 인한 변형이 이루어지면서도 기존 요소를 대체하거나 배제하지는 못하고 민속종교 현상에 수렴된다는 시각을 드러낸다. 그러나 필자가 수행하는 연구의 문제 인식 속에서, 종교현상의 본질을 상정하는 것, 또 현상이 지닌 속성이나 그것을 겨냥하고 있는 실체를 중심으로 반영된 민속이나 잔존한 현상을 서술하는 방식은 일정한 한계를 지닌다고 판단된다.

7) 김선풍, 「수륙대재와 민간신앙의 습합양상」, 『강원민속학』 26, 아시아강원민속학회, 2012, 35~61쪽; 김태곤, 「巫俗과 佛敎의 習合」, 『한국민속학』 19, 한국민속학회, 1986, 164~174쪽; 나정순, 「『시용향악보』소재 〈성황반〉〈나례가〉의 무불 습합적 성격과 연원」, 『대동문화연구』 87, 성균관대학교 대동문화연구원, 2014, 207~240쪽. 이상과 같은 연구들에서 '습합'이라는 단어는 본문에서 설명하고 있는 용례와 같이 사용되었다.

8) 싱크리티즘(syncretism)은 '습합' 혹은 '재설혼합주의'로 번역되었다. 그러나 이 글에서는 습합이라는 용어가 학술연구지형 안에서 지니게 된, 통일성을 지니고 지속되었다는 의미가 아닌, 이질성의 공존을 표현하기 위해 번역어가 아닌 싱크리티즘이라는 음차를 사용한다. 한국 종교연구에서 습합, 혼합주의, 혹은 싱크리티즘 등의 용어 사용에 대해서는 방원일, 「한국 기독교의 혼합주의, 혼합현상」, 『기독교사상』 710, 대한기독교서회, 2018, 182~190쪽; 최종성, 「조선전기 종교혼합과 反혼합주의: 유교, 불교, 무속을 중심으로」, 『종교연구』 47, 한국종교학회, 2007, 37~81쪽 참조.

여지가 생긴다.

　싱크리티즘은 문화사적인 관점 속에서 일반론적인 원리로 존재할 수 있다. 그러나 습합과 마찬가지로, 싱크리티즘은 혼합을 전제로 한 이질성·특이성을 규명해나가는 것으로 제각기 상정되는 고유한 실체와 본질을 추상하기 위해 사용된 측면이 있다. 그간 싱크리티즘이 사용된 방식은 이질적인 문화의 수용과 그 접변에서 나타나는 현상을 중심과 주변으로 배치함으로써 본질적인 것들이 의미의 퇴색이나 변환 없이 공존한다는 시각으로 이해할 수 있는 것이다. 그러나 이 연구의 문제설정 안에서 종교는 난민들을 둘러싼 무대로 작동하기도 하며, 어떤 사건이 발생할 수 있도록 하는 환경이거나 계기이기도 하다. 종교현상은 난민에게 조건이자 행위가 밀접히 관계된 환경이면서도, 그 조건과 환경 안에서 살아가는 사람들의 삶과 행위를 통해 재생산되는 관계를 지닌다. 종교현상이 일정하게 관여하는 환경에서 살아가는 이들이 수행하는 행위들과 삶이 다시 종교현상에 영향을 미치고, 그 현상은 다시 생활과 관계된 것으로써 난민들의 삶에 작용한다. 재생산에 관여하는 이 삶은 얼핏 지역적으로 구성되는 것 같지만, 난민이 마주하는 현실의 정주 불가능성, 즉 그 이동성과 유목성을 고려하였을 때 국가 시스템과 지구적 자본주의의 연결망으로부터 벗어난 것일 수 없다. 이러한 전제조건을 따르면, 그 환경에서 포착할 수 있는 종교현상 역시 국부적 특수성과 세계적 보편성으로 반드시 나눌 수 있는 것으로 이해하기 어려워진다. 그러므로 이 글에서는 싱크리티즘을 때에 따라 강조되는 의미의 측면은 있어도 그 범위를 일정하게 규정할 수 없음을 염두에 두고,

본질에 주목하기보다 이질성의 공존을 뜻하는 것으로 재개념화하여 이해한다. 즉 시대의 변화에도 이어지는 동일한 특성과 의미를 내포하고 있다기보다, 서로 다른 특성이나 이해관계가 대립하거나 배척되지 않으며 존재할 수 있는 성질을 함축하는 것으로서 민속종교의 특징을 파악하고자 한다.

이러한 인식 속에서, 민속 종교 현상의 전승 과정 중 역사와 환경의 변화를 통해 발생한 새로운 형태와 내용을 그 안에 반영하면서도 본질적인 속성은 변화하지 않은 채 지속된다고 여겨지는 민속 종교 현상에 대해 의문을 던져볼 수 있을 것이다. 특히 종교가 민속문화와 함께 놓이게 되는 현상에는 민속실천 행위자의 문화만이 영향을 미치는 것이 아니라 "어떤 특정인의 영향력이나 국가적 단위의 압력, 혹은 외부 민족에 의한 강압논리"[9]가 존재하기도 한다. 따라서 중심과 주변을 상정하는 것, 혹은 기원으로부터 분리된 것으로서 종교현상이 모든 환경에 따라 변화하고 또 변화시킨다는 인식을 전제하는 것으로 이 연구를 수행하기 위한 태도를 정립할 것이다. 중심과 주변의 종속적 이해가 아닌, 전체적인 조망을 통한 유기적인 관계로 민속종교를 포착하려는 이 연구의 관점은, 민속종교의 특징을 차이들을 포획하고 동질화하지 않으면서 새로운 형태와 그 준거들을 설정하는 것으로 이해한다. 정리하자면 이 연구에서 문제로 설정하고 있는 카렌 난민의 현상에 접근하기 위해 종교현상

---

9) 편무영, 「韓國宗教民俗試論序說」, 편무영 외 지음, 『韓國宗教民俗試論』, 민속원, 2004, 30쪽.

의 전체적인 조망과 불가피한 혼종성을 염두에 둔 인식과 태도를 견지하면서, 민속종교의 지형과 그 연구에서 본질의 지속을 근간으로 삼을 수 있을지에 대한 물음에 이 연구로 하나의 답변을 제기하고자 한다.

2. 성원成員으로서 이주민과 민속의 생성·변환

한국사회의 난민 연구를 통해 민속학 연구의 현재성을 담아내며, 연구 영역을 확장하려는 이 연구의 목적에 비추어, 선행연구로 검토할 필요성이 있는 연구를 크게 ① 다문화와 민속을 연관시킨 연구, ② 한국사회의 재정착난민을 다룬 연구, ③ 소수자의 공동체문화실천 연구로 구분한다.

이렇게 구분한 이유는, 민속학계에서 '다문화'라고 표상되는 이주민으로부터 매개된 문화변동을 다룬 연구들의 흐름과 경향을 검토하여 현재의 문제를 인식·제기하는 일을 우선하는 것이 효과적이기 때문이다. 이후 이 연구의 직접적인 연구 대상인 재정착난민과 관련된 연구를 검토하고 소수자, 혹은 주변부에 놓여 위기에 처한 이들의 공동체문화 실천을 한국사회의 압축적 근대화 속에서 변환되거나 생성된 민속으로서 이해하려는 연구들을 살펴 연구의 구도를 설정하고자 한다.

① 다문화와 민속을 연관시킨 연구 중 가장 두드러지는 경향은

민속 요소를 교육과 연계하거나, 민속을 통한 다문화사회 이행을 주창하는 논의로 볼 수 있다. 민속과 교육을 연결 지은 연구들은 한국사회에서 부각된 다문화 담론과 그에 따른 문화교육의 필요성, 혹은 방법을 제시한다.[10] 이 연구들은 대체로 한국의 문화뿐 아니라 각 이주국의 문화 역시 중심과 주변의 구분 없이 동등한 자격을 지니고 있음을 인정하며, 교육을 통해 각 문화를 비교문화적 관점에서 접근하여 서로 다름을 견지하고 공존하는 것을 목표로 삼고 있다. 같은 맥락에서, 민속을 통해, 혹은 각기 다른 풍속의 이해를 통해 다문화사회에 가까워질 수 있다는 주장도 제기된다.[11] 서로

---

[10] 유혜윤, 「전통문양을 활용한 다문화 미술활동의 효과」, 덕성여자대학교 석사학위논문, 2003; 이성희, 「다문화사회에서 상호문화능력 신장을 위한 한국 민속교육의 설계」, 『한국민족문화』 43, 부산대학교 한국민족문화연구소, 2012, 391~417쪽; 정수정·김영식, 「민속표현 활동을 적용한 문화다양성 프로그램이 초등학생들의 다문화 수용 태도 및 인식 변화에 미치는 효과」, 『한국초등체육학회지』 21, 한국초등체육학회, 2015, 115~126쪽; 정정숙, 「다문화교육에 기초한 민속미술지도를 위한 기초 연구」, 『사향미술교육논총』 4, 한국미술교과교육학회, 1996, 225~244쪽; 최원오, 「다문화사회와 구비문학교육」, 『어문학』 106, 한국어문학회, 2009, 131~147쪽 등.

[11] 김영자, 「농촌지역 여성 결혼이민자의 전통무용 체험 분석」, 『예술교육연구』 6, 한국예술교육학회, 2008, 1~18쪽; 권오경, 「다문화사회 통합을 위한 민요의 역할과 방향」, 『한국민요학』 30, 한국민요학회, 2010, 41~73쪽; 정고운·이정연, 「아시아 민속무용을 활용한 다문화 통합교육 프로그램 연구」, 『한국초등교육』 28, 서울교육대학교 초등교육연구원, 2017, 107~123쪽; 진현정, 「민속의 상을 활용한 초등 다문화교육 프로그램 개발」, 『한국실과교육학회지』 25, 한국실과교육학회, 2012, 171~83쪽; 이미영, 「여성결혼이민자를 위한 문화교육 방안」, 선문대학교 석사학위논문, 2011; 임재해, 「다문화주의로 보는 농촌의 혼입여성 문제와 마을 만들기 구상」, 『민속연구』 18, 안동대학교 민속학연구소, 2009, 7~85쪽; 「다문화사회의 재인식과 민속문화의 다문화주의 기능」, 『비교민속학』 47, 비교민속학회, 2012, 153~211쪽 등.

다른 풍속을 지닌 이주민들이 한국사회에서 자국 전통문화를 전승하는 실태에 대한 연구도 이루어진 바 있다.[12] 한편 이주민이 생활 속에서 경험하는 한국의 교육·문화 적응에 관련한 연구[13]가 수행되기도 하였으며, 다문화 시대의 학문 연구방법을 정초하는 연구[14] 등 문화변동에 따른 반응으로서 폭넓고 다양한 연구들이 수행되었다. 이러한 연구는 변화하는 사회조건과 문화, 환경에 따라 각자의 대응전략을 생성하고, 한국사회에서 민속의 의미 변화와 역동성을 보여준다는 점에서 민속학의 시의성을 내포하는 것으로 그 의의를 찾을 수 있다. 그러나 이에 속한 대다수의 연구는 결혼이주민, 혹은 이주노동자와 그 자녀를 포함하는 것으로 대상의 한계를 지니고 있어, 여러 이주 형태, 특히 난민을 여전히 비가시 영역에 두고 있다는 한계를 지닌다.

난민이라는 국외 이주자의 존재를 다루는 이 연구의 관점에서 민속학계의 디아스포라 연구[15]는 유의미하게 참고할 수 있는데,

---

12) 정연학, 「다문화 사회로의 정착과 외국인 자국 전통문화 전승 실태」, 『한국민속학』 62, 한국민속학회, 2015, 35~74쪽.
13) 이옥희, 「이주민이 경험하는 민속문화 소통의 현주소와 전망」, 『남도민속연구』 23, 남도민속학회, 2011, 269~295쪽; 이진교, 「지역밀착형 다문화모임과 혼입여성의 한국사회 적응」, 『민속연구』 34, 안동대학교 민속학연구소, 2017, 203~241쪽 등.
14) 강정원, 「다문화시대의 구비문학 연구」, 『구비문학연구』 26, 한국구비문학회, 2008, 157~184쪽; 나수호, 「다문화 사회에서의 정체성과 구비문학」, 『비교문화연구』 49, 서울대학교 비교문화연구소, 2018, 145~177쪽.
15) 김면, 「국내 거주 조선족의 정체성변용과 생활민속의 타자성 연구」, 『통일인문학』 58, 건국대학교 인문학연구원, 2014, 5~33쪽; 성치원, 「중국동포 노인의 일상생활에 대한 재해석」, 『민속연구』 35, 안동대학교 민속학연구소, 2017, 143~

그 이유는 이 연구들이 한국인 디아스포라를 원형으로 간주하는 한 문화에서 분리되어 문화접변을 경험하고 정체성의 변용을 경험하는 존재로 설정하면서도, 문화적 이질성의 갈등과 생활문화의 격차를 역사·사회적 요인을 포함하여 동시대의 환경까지 고려한 복합문화적 성격으로 포착하고 있기 때문이다. 특히 차이로 표상되는 이질성을 무화시키려 하지 않고, 포용 및 긍정하려는 관점을 중요하게 가늠할 수 있을 것이다.

다음으로, ② 한국사회의 재정착난민과 관련한 선행연구는 본 연구에서 대상으로 설정한 재정착난민을 직접적으로 살펴보는 연구들이다. 편의를 위해 두 가지로 대별하자면, 재정착난민과 관련한 실태 조사 및 정책 제언을 위한 연구와 본 연구의 대상인 미얀마 카렌족 재정착난민을 대상으로 하는 연구로 나눌 수 있다. 재정착난민과 관련한 실태 조사 또는 정책 제언을 위한 연구 수행은 국내에서 제정·시행되는 재정착난민 제도와 시행 현황의 면밀한 파악에 참조할 수 있다.[16] 그러나 이와 같은 연구는 대개 관변의 시선에서, 혼란을 억제하기 위해 재정착난민의 효율적인 사회통합과 인도적 차원에서 정책개선을 촉구한다는 것에 그 의의와 한계가 동시에

173쪽; 성치원, 「중국동포의 '제기놀이'에 관한 사례연구: 신대방제기협회를 중심으로」, 『실천민속학연구』 31, 실천민속학회, 2018, 309~353쪽 등.
16) 정금심, 「한국과 일본의 난민 재정착 법제 비교 연구」, 『공법학연구』 21, 한국비교공법학회, 2020, 365~393쪽; 채보근, 「우리나라 재정착난민의 사례연구 정책에 대한 고찰」, 『문화교류와 다문화교육』 9, 한국국제문화교류학회, 2020, 53~82쪽 등.

존재하는 것으로 평가할 수 있다.

카렌족 난민과 관련한 연구에서는 이상국의 연구가 수적으로 또 질적으로 두드러진다.[17] 이상국의 연구는 국내에서 처음으로 재한 카렌족을 대상으로 한 연구를 수행했다는 점에서 선구적인 위치를 지니고 있다고 볼 수 있겠다. 이상국은 20세기 말, 이주노동자로 자리잡기 시작해 2015년부터 재정착난민 정책을 통해 한국에 유입된 재한 카렌족 공동체의 형성과 발전을, 그가 심층면담을 진행한 재한 카렌족의 생애 구술에 따라 연대기적으로 밝히는 연구를 수행했다. 이주지의 환경과 서로 조응하며 형성되는 카렌족 정체성의 중요한 요소가 초국가성, 고유성, 난민성에 있다고 분석하는 이 연구는, 국제 정세와 더불어 복수의 사회·국가가 개입하는 통제에 때로 길항하고, 때로 포섭되며 역동적으로 구성되는 공동체

---

[17] 이상국, 「백인 구원자와 카렌족: 현실이 된 카렌족 신화」, 『한국문화인류학』 43(1), 한국문화인류학회, 2010, 217~262쪽; 「또 다른 식민성: 버마 종족 관계의 역사적 전개와 카렌족의 식민성 형성에 관한 연구」, 『동남아시아연구』 22(1), 한국동남아학회, 2012a, 1~35쪽; 「태국 거주 미얀마 카렌족 난민의 생계추구 양상에 관한 연구: 국가, 국제구호기구, 지역사회 간의 관계를 중심으로」, 『동남아연구』 22, 한국외국어대학교 동남아연구소, 2012b, 207~234쪽; 「상상의 공동체에서 네트워크 공동체로: 카렌족의 사례를 통한 베네딕트 앤더슨의 민족주의론 비판적 검토」, 『동아연구』 35(2), 동아연구소, 2016a, 227~279쪽 등. 국내 연구 중 미얀마·태국 국경지대의 카렌족, 그리고 카렌족 난민과 관련한 연구 중 이상국의 연구가 수와 질에서 돋보인다. 그의 연구 다수가 카렌 역사와 사회를 다각도에서 기술·분석하고 있으나, 본문에서 다루고자 하는 재한 카렌족과 관련된 연구는 이상국, 「비슷하되 같지 않은 길: 재한 미얀마 카렌족 공동체의 형성과 발전」, 『동남아시아연구』 26, 한국동남아학회, 2016b, 101~143쪽으로 한정되어 있으므로, 선행연구 검토는 이를 중심으로 하고 있음을 밝힌다.

의 모습을 조망하게 한다는 점에서 그 의의를 찾을 수 있다. 그러나 이 연구는 카렌족이 한국사회에서 미얀마의 소수민족이자 한국의 소수자로서 정체성을 강화하는 방식에 천착하여, 난민의 발생과 함께 정착·재정착 과정에서 각 주체가 겪는 변용과 교섭까지는 다루지 못했다는 점을 한계로 갖는다. 이 연구는 카렌족의 정체성만이 아닌, 카렌족이 사회구조가 설정한 경계들을 넘나들며 변용하는 과정에 주목하고, 그 사이에서 이루어지는 한국사회의 담론 구성과 난민의 존재 능력을 파악하려 시도한다는 점에서 이상국의 연구와 차이점을 지닌다.

마지막으로 ③ 소수자의 공동체문화 실천 연구이다.[18] 이것에 해당하는 연구는 소수자, 혹은 주변부의 존재들이 공동체문화의 실천, 혹은 전략적 행동을 통해 인식한 위기에 대응하는 양상을 살피는 등 사회정치적인 시각이 주를 이루고 있다. 이때 공동체문화의 행동 양식은, 민속을 지배 체제의 가치실천 양식들과 절합하며 자신의 존재 조건을 확장·지속해온 것으로 여길 수 있듯, 행위 주체들을 지배와 종속, 중심과 주변을 인식하게 만드는 장치들의 극복과 더불어 새로운 가치실천의 모델을 민속의 변환과 생성 속에

---

[18] 이진교, 「투쟁 공동체에서 풀뿌리 공동체로 - 경북 영양군 귀농·귀촌인 한 모임에 대한 민족지적 연구」, 『비교민속학』 70, 비교민속학회, 2019, 241~269쪽; 이재각, 「국가권력에 대한 지역사회의 저항과 공동체의 동향: 경북 성주군 소성리의 사드반대운동 사례」, 안동대학교 석사학위논문, 2021; 한정훈, 「이주민 공동체의 정착 공간과 얽히는 시선들 - 광주 고려인마을을 대상으로」, 『실천민속학연구』 35, 실천민속학회, 2020, 471~513쪽 등.

서 정립한다.[19] 변용·변환·혼합·생성 등이 내재하고 있는 포용과 긍정성의 성질은 민속의 윤리적 가치로서, 앞선 연구들은 행위 주체를 단순히 억압받는 피해자의 위치에 설정하지 않고 사회·문화 안에서 변용되고 또 다른 개체를 변용시킬 수 있는 존재로 인식하고 있다는 점에서 방법론적으로 본 연구에 시사하는 바가 크다.

    이와 같은 연구사 검토를 통해 이 연구의 문제설정을 간략하게 정리하자면 다음과 같다. 우선, 그간의 민속학이 '다문화'라는 사회문화적 변동에 조응하여 그 연구 영역을 확장하였음에도 미처 다루지 못한 난민의 문제를 민속학의 한 연구 영역으로서 설정한다. 한편 한국사회의 재정착난민 연구 지형의 대다수는 대상자들의 한국사회 적응과 정책 분석으로 설정되어 있어, 재정착난민의 정착 과정뿐 아니라 난민이 되는 경로와 이주의 다변화를 포착하고 민속학적으로 접근하여 탐색할 필요가 있다. 이 과정에서 주체를 피해자의 위치로서만 포착하지 않고, 주체가 마주치는 조건과 다른 개체를 통한 변용의 가능성과 욕망을 지닌 존재로서 조망한다.

---

[19] 이영배, 「공동체문화 연구의 패러다임 모색」, 국립안동대학교민속학연구소 공동체문화연구사업단 엮음, 『구상과 영역들』, 민속원, 2020, 420~421쪽.

3. 이론의 설정과 '난민-공동체-되기'

이 연구의 대상은 태국의 난민 캠프에 거주하던 카렌족 난민들로, 이들은 2015년부터 시행된 한국의 난민 제삼국재정착 정책의 시범 사례로 국내에 입국하게 되었다. 제삼국재정착 제도는 유엔난민기구UNHCR, United Nations High Commissioner for Refugees의 추천을 받아 해외 난민캠프에서 한국으로 이주하길 희망하는 난민을 심사 후 수용하는 제도다. 난민 캠프에 거주하던 카렌족 난민은 2015년의 재정착 난민 1기부터 시작해, 2016년 2기, 2017년 3기를 거쳐 총 16가구가 한국에 입국했다. 대상을 이해하기 위해, 재한 카렌족 난민과 밀접한 관계를 맺고 있는 선교단체인 킨 미니스트리KEEN Ministry를 함께 주목할 필요가 있다. 한국에 정착한 카렌족 난민의 이주와 생활에 이들의 선교 활동이 매개되어 있기 때문이다. 킨 미니스트리는 Karen Equip Embracing Nations Ministry의 약칭으로, KEEN이라는 이름은 카렌 난민 캠프 내 종교적 지도자들로부터 부여받은 것이다. 카렌족이 기독교적 복음을 지니고 열방에 선한 일을 할 수 있도록 기술과 교육 등을 전하는 일을 지원하는 단체가 되어달라는 의미를 지니고 있다. 5명의 종교인이 주축인 이 선교단체는 난민캠프의 카렌족과 지속적으로 교류하며, 한국의 카렌족에게 일자리·주거·의료 등 정보의 매개가 되거나 생활의 편의를 제공하고 있다.

대상을 난민으로 지칭함으로써 우선 짚어두어야 할 문제는 한국사회에서 통용되는 '난민'이라는 용어가 모호하게 사용되는 지점이 있다는 것이다. 난민은 국가로부터 '난민 신분을 인정받은 자'를 뜻하기도 하면서, 제주도에 예멘 난민이 상륙했을 때와 같이 한국 정부로부터 난민 인정을 받지 못했으나 그들이 처한 상황을 미루어 난민이라는 명칭을 사용하기도 하며, 그들을 정의하고자 하는 의도에 따라 가짜 난민이라는 수사를 동원할 때도 있기 때문이다. 사전적 의미에서 '난민'이란 그 지위와 인정을 위해 맺어진 협약에 따라 조금씩 다르게 규정되지만, 대체로 박해와 인권침해, 혹은 공공질서를 심각하게 해치는 기타 환경으로 인하여 국가를 떠나거나 탈출한 사람으로 정의된다.[20] 요약하자면 난민은 나라 밖의 피신처를 찾는 강제 이주자다. 난민은 거주지를 떠날 수밖에 없는 요인으로 인해 발생한다는 점에서, 더 나은 삶을 위해 자발적으로 거주지를 떠나는 이주민과 용어적으로 구분하여 이해할 수 있겠다.[21]

그런 난민 중, 국가에서 공증하는 난민 지위를 취득하기 위해 한국 정부에 난민심사를 신청한 이들의 수는 1994년 이후 7만을 넘었다. 2022년 2월을 기준으로 '난민'으로 인정되거나 인도적 체류를 허가받은 이들의 수는 3,595명으로, 한국사회에는 이미 적지 않은 수의 난민 혹은 '난민'이 함께 살아가고 있다.[22] 그러나 한국에 정착하거나 한국에서 거주하길 원하는 난민들은 여전히 현실적

---

[20] "난민", 『이주 용어 사전』 제2판.
[21] 조일준, 『이주하는 인간, 호모 미그란스』, 푸른역사, 2016, 269~271쪽.
[22] 법무부 출입국·외국인정책본부, 『출입국·외국인정책 통계월보』, 2022. 2.

차원과 담론적 차원에서 비가시적인 존재로 자리한다. 연구 대상이 이처럼 사회 주변부에 놓여 스스로 말할 수 없는 서발턴적 위치를 차지한다는 점에 주목할 필요가 있다. 그 이유는 이 글에서 조심스럽게 접근하려고 하는 재현의 문제가 바로 연구 대상이 주변성을 지니면서 스스로 발화할 수 없는 자, 즉 재현 바깥에 위치한 이들이라는 것에서 비롯되기 때문이다.

스피박은 "국제 노동 분업상 사회화된 자본의 맞은편에서, 이전의 경제 텍스트를 대리보충하는 제국주의적 법과 교육의 인식론적 폭력의 회로 안과 밖"에서, 과연 서발턴이 말할 수 있느냐는 점을 문제 삼는다.[23] 서발턴은 억압 계층의 언어로 대리자를 통해 재현되기 때문에 결국 타자화되고 재현되지 못하는 존재이다. 따라서 서발턴적 존재를 주체로서 규명할 때, 그 존재는 스스로의 언어가 아닌 것으로 대리 재현된다. 비록 난민을 대상으로 서발터니티를 서술하고 연구를 수행하는 이 행위 자체가 그 재현 불가능성을 전제로 하고 있으나, 이를 최소화하기 위한 서술 전략으로써 이 연구에서는 존재와 환경을 통합적으로 바라보는 견지를 택한다. 이는 주체와 환경을 분리하여 서술하는 이분법적 구도와 분류에서 더욱 분명히 드러날 수 있는 대상화와 타자화의 시각을 경계하기 위해서다. 주체와 환경을 구분하여 서술하지 않는 또 다른 이유는, 후술하겠지만 이 조건들이 서로 유기적으로 관계 맺으며 항상 변형

---

23) 가야트리 차크라보르티 스피박, 태혜숙 옮김, 「서발턴은 말할 수 있는가?」, 로절린드 C. 모리스 엮음, 『서발턴은 말할 수 있는가?』, 그린비, 2013, 79쪽.

가능한 것으로 여겨지기 때문이다. 따라서 연구 대상을 총체적으로 조망하고, 그 관계와 상황을 통합적으로 인식하고자 하는 의도를 지니고 이 연구에서는 환경과 행위자를 구분하여 논의하는 것을 회피하는 서술 방식을 취하려 한다.

    재정착난민 수용 시범사업을 통해 한국에 입국한 카렌족 난민은 난민이 되어 가는 과정에서 수많은 공동체의 문제들을 마주한 것으로 여겨진다. 재정착난민 한국 카렌족은 재정착난민 수용 시범사업을 통해 한국사회에 진입하여 사회의 구성원이 되며, 불완전한, 혹은 미결된 존재로 여겨지는 난민의 상태에서 제도를 통해 가시화된다. 이들은 크게 국민-국가에서 배제된 존재인 호모 사케르[24]로서, 그 과정에 결합되어 있는 전 지구적 자본주의 시스템과 분리되지 않은 존재로서, 또 미시적인 범주로는 각자가 마주하는 공동체 혹은 그 구성원들과의 관계와 마주침으로부터 비롯되는 상황들 속에서 그 신체들은 특정한 정동을 생성하고 변이한다.

    난민은 지배적인 언어와 시선으로 재현될 수 없는 비가시성을 지닌 존재이며 동시에 지배구조 밖으로 발산되는 존재로, 그 발산의 과정은 강제와 대응이 중첩하듯 수동과 능동의 패턴을 그리고 있다. 연구 대상의 존재 상태에서 한 특이성을 드러내는 '난민'이라는

---

24) 아감벤은 공동체의 법적, 종교적 질서로부터 추방된 자로서 호모 사케르를 정의한다. 살해는 가능하되 희생물로 바칠 수 없는 이 존재는, 그 배제에 인간들의 공동체가 기반하고 있는 점이 특징적이다. 호모 사케르는 이러한 배제로 인해 어떤 제도적 보호도 받지 못한 채 무방비 상태에 놓인 존재다. 조르조 아감벤, 박진우 옮김, 『호모 사케르』, 새물결, 2008, 174~177쪽을 참조.

상태는 이산離散이라는 경로를 통해 발생한다. 다양한 강도로 작동하는 이산의 조건과 환경은 그 사건의 결과로 난민의 지역적·물리적 분산의 상태를 발생시키고, 각 신체들이 맺는 관계와 존재 특이성의 변화 계기들을 잠재한다. 난민은 이산을 거쳐 기존 구조의 경계들과 국가의 경계에 스며 존재함으로써 그곳에 있던 경계에 간섭하고 기존과 다른 관계를 만들어낸다.

이때 이산은 난민의 존재 상태를 표현하면서 난민의 정동에 발생적으로 연관된다. 정동은 존재에 가해지는 힘과 자극과의 관계를 표현하면서, 존재가 그 관계와 힘에 대응하는 역량을 의미한다. 난민이라는 존재는 이산이라는 수동과 능동이 중첩되는 과정에서 다양한 자극과 사회적 간섭을 마주하게 되고, 그 힘들과의 관계와 존재의 변화 역량 즉 정동을 통해 자신을 항상 새로운 양태로 변화시키게 된다.

'난민-공동체-되기'라는 표현은 이러한 대상 현상의 특성으로부터 도출된 개념을 의미하기 위해 설정된 복합어다. 난민의 문제를 공동체와 결부시키는 것으로 민속학적 접근을 수행할 수 있는 토대를 마련할 수 있는 용어적 유용성이 있다고 판단하는 한편, 난민이 되어가는, 그리고 공동체가 되어가는 과정과 난민-공동체가 되어가고 그것이 담지하는 욕망의 분출을 복합물로써 나타내는 서술 효과를 위해 이러한 표현을 사용한다. 다시 말해, 하이픈(-)으로 연결된 난민과 공동체, 되기는 연구 대상이 실행하고 생성하며 변용되는 과정을 거쳐 복합물이 되는 것을 포착하기 위한 것이며, 또 그 과정을 단일한 개념으로 귀결되는 것으로 살피지 않기 위함이다.

즉 이 연구에서 관찰하고 있는 현상의 개별 과정이 중첩되는 시간 속에서, 연구 대상인 카렌족 난민이 상호작용하는 존재로서 난민과 공동체가 되는 과정을 거치며 구성요소 간의 뒤섞임을 통해 끊임없는 차이를 생성하고 있는 것을 나타내기 위한 것이다.

난민을 변이하는 존재로 설정하는 이 논의는 이론적 배경으로서 '-되기'의 개념을 중요하게 사용하고 있다. 들뢰즈의 되기devenir 개념은 신체들 간의 결합과 제휴에 따른 능력의 증가를 생성하는 과정이며, 다시 말해 다른 신체들과 만남을 조작하여 자신의 신체를 새롭게 구성하고 욕망을 생산하는 방식이다.[25] 그러나 이것은 되기에 결합하는 어떤 형식과 실재의 모방이나 동일화가 아니다. 되기의 과정에서 자기 자신과 구별되는 주체는 없으며, 이는 흉내나 생산 등으로 다다르지 않는다.[26] 즉 되기는 신체적 변이를 통한 존재론적인 역량을 지니는 과정으로써, 거듭되는 소통을 통해 '어떤 것'으로 고착되는 영역들을 가로지르며 또다시 독특한 차이를 생성한다.

난민의 이산과 난민의 정동, 난민의 되기는 난민이라는 과정적인 존재 안에서 서로를 중첩하고 자기 안으로 포함하며 난민이 지닌

---

[25] 김은주, 『여성-되기』, 에디투스, 2019, 79쪽. 들뢰즈는 스피노자의 윤리학으로부터, 신체를 무수한 결합으로 생산되는 것으로 파악하며, 이 구조는 어떤 본질이 먼저 존재하는 것이 아니라 신체가 얼마나 변화할 수 있는가라는 능력을 의미한다고 설명한다. 이는 어떤 존재를 역량으로 파악하는 것으로, 차이를 통해 변이할 수 있는 역능은 바로 달라짐으로써 존재한다는 것을 뜻한다. 같은 책, 45쪽을 참조.
[26] 질 들뢰즈 · 펠릭스 가타리, 김재인 옮김, 『천개의 고원』, 새물결, 2001, 452~454쪽.

특이성과 난민이 처한 존재 조건을 표현한다. 이 특수한 표현들은 어떤 한순간에 포착되는 난민의 임시적이고 과정적인 완료 상태를 각각 사건과 감성, 존재들로 현시한다. 정리하자면, 난민은 이산의 조건과 사태 등의 복합적인 과정에서 생성되는 정동적 차이를 지니며, 그에 따라 분화하거나 결합하는 다양한 층위의 다중 정체성을 감싸 안은 되기들로서 존재의 특이성을 나타낸다. 즉 난민 현상에서 관찰되는 이산과 정동, 되기의 개념은 공통적으로 난민의 존재를 의미화하며, 이 연구는 난민의 존재성을 이 개념들이 중첩되는 것으로부터 포착한다.

이때 변이를 생성하는 관계망에 놓인, 서로 상이한 정도의 변용 능력을 지닌 신체들 사이의 차이를 인정하는 집합으로 공동체를 이해할 때, 이를 통해 우리는 필연적으로 실존하는 힘을 지닐 수 있으며, 또 그 지속가능성을 그려볼 수 있다.[27] 그러나 차이를 담지하는 존재로서 난민을 대하는 한국사회의 지배적인 정동은 혐오와 배제로 이루어져 있다는 점에서, 우리는 현재 한국사회와 공동체에 윤리적인 문제를 제기해 볼 수 있을 것이다. 일반적으로 상상할 수 있는 공동체의 구성 과정은 외부의 경계구획과 배척을 동반한다. 난민 역시 국가의 구획에서 배제되고, 기존의 삶과 터전, 그 관계로부터 축출되는 폭력적 과정에서 발생한다. 타자의 위상을 가늠하는 것, 울타리 치기의 메커니즘과 집단 규정의 논리는 분리와 격리를 통해 혐오로 형상화된다.

27) 김은주, 앞의 책, 27쪽.

피아구분으로 발생하는 타자혐오와 자기면역의 폭력성에 근거하는 자기방어적 닫힌 체계를 공동체라고 할 수 없다는 관점은 공동체를 다른 각도에서 사유할 수 있게 한다.[28] 동일성의 공동체의 불가능함과 개인의 유한성, 취약성에서 참조되는 실존의 외부화, 즉 탈자脫自에 대한 사유는 우리가 어떤 방식으로든 타자와 연루되고 의존할 수밖에 없다는 점을 드러내며, 공동체의 구성은 내부적으로 규정된 동일성이 아닌, 공생에 있어야 함을 주장하는 근거가 된다.[29] 다시 말해 공동체는 존재의 양상이며, 그 존재가 개별자의 삶 밖으로 뻗어간다면 언제나 그 자체를 초월하는 존재이다.[30] 즉 이 연구는 난민으로부터 동질성을 찾아내고 동일성의 범주 안에 포획하려는 시도라기보다, 사회관계망 안에 놓인 난민의 차이를 인정하고, 더 많은 차이들의 접속을 통해 변이되는 정동을 창출하고 변화를 지속할 수 있는 계기를 난민 현상에서 발견한다. 궁극적으로 이 연구는 주변화된 난민 현상으로 연구 영역을 확장하며, 난민 현상의 발생을 이산이라는 주제로 접근하고, 이 현상을 '난민-공동체-되기'의 차원에서 해석하여 그 윤리적인 문제를 논의하는 것을 문제로 설정하고 있다.

---

28) 김명주, 「'동일성의 공동체'의 불가능성에 관한 성찰: 면역의 정치철학을 위한 모색」, 『인문과학』 114, 연세대학교 인문학연구원, 2018, 177~203쪽.
29) 위의 글, 196-197쪽; 허정, 「유한성과 취약성이라는 공통성」, 『다문화콘텐츠연구』 14, 중앙대학교 문화콘텐츠기술연구원, 2013, 409~450쪽을 참조.
30) Roberto Esposito, *Communitas: The Origin and Destiny of Community*, trans. Timothy Campbell, California: Stanford University Press, 2010, p. 56.

따라서 앞서 서술한 연구의 수행과 더불어 '한국의 제삼국재정착 난민 카렌족'이라는 말로 압축할 수 없는 존재인 연구대상의 복합성을 드러내고, 이 존재의 생활세계가 갖는 특성의 민속적인 의미를 탐구하기 위해 이 글은 다음과 같은 방식으로 구성되었다. 우선 2장에서 연구 대상인 카렌족 난민의 발생에 관련된 역사와 사회 환경을 조사하고, 난민-되기의 구조를 분석한다. 난민은 단일한 이유로 발생하지 않으며 그 정체성 역시 시기와 조건에 따라 유동하기 때문에 우선 그 발생의 다층적인 구조를 역사와 사회생태, 민족구성 등으로 나누어 접근해 종합적으로 살피고 이해할 필요가 있기 때문이다. 또한 그로부터 관찰되는 기독교도 되기의 경로를 종합하여 서술하는 것으로 '난민-되기'의 과정에 결부된 종교 현상의 의미를 밝힌다.

다음으로 3장에서 난민들이 이주하고 한국으로 유입되기까지의 과정을 살핀다. 난민-되기의 경로를 이산과 변이의 과정을 통해 파악한 후, 이 과정적 결과물로서 정체성과 공동체의 경계가 유동하는 것임을 밝히기 위함이다. 이를 통해 이주의 과정 중 포착할 수 있는 난민들의 정착 혹은 재정착에 연관된 조건들을 규명하고 그 성격을 파악한다. 그것이 어떻게 공동체를 형성하거나, 경계를 가로지르거나 유동하게 만드는지 사례를 경유하여 재구성한 후, 4장에서는 난민-되기의 과정을 의례 구조로 분석한다. 구체적으로는 '난민-되기'를 사회극으로 파악하며, 그 이유는 이 분석 틀이 난민-되기에서 관찰되는 체제의 반反구조와 행위 주체의 욕망을 포착하려는 시도에 유용성을 지니고 있기 때문이다. 이후 체제의 반反구조로서 '난민-되기'의 정치성과 이것이 지니는 효과를 서술한다.

5장에서는 한국사회의 난민에 대한 지배적 정동이 혐오와 동정으로 이루어져 있음을 지적하면서, 이 혐오의 감정을 스피노자의 윤리학과 정동 이론을 경유하여 반反윤리적인 것으로 설명한다. 그러나 의례의 과정에서 반反구조가 떠오르듯, 카렌족 난민 공동체 역시 경계와 변화의 틈바구니에서 차이를 담지하고 있으며, 체제와 언론이 상정하는 구조를 빗겨가는 생활세계 안의 관계망에 놓인 존재들로서 윤리적 존재 역량을 증가시킬 수 있는 존재임을 사례를 통해 밝힌다. 마지막으로 각 장에서 역사, 의례, 정치 등의 다층적인 접근을 통해 분석한 내용을 종합하여, 민속학적 접근을 통해 수행한 이 연구의 결과로부터 도출할 수 있는 이 연구의 내용과 의의를 서술한다.

연구에 사용된 자료는 문헌 검토, 참여관찰, 면담을 통해 수집되었다. 연구자는 한국의 카렌족과 긴밀한 관계를 형성하고 있는 선교단체 킨 미니스트리의 구성원과 지인을 통해 서로 알게 되었다. 연구자가 카렌족과 직접적인 만난 것은 2015년에 킨 미니스트리가 선교활동의 일환으로 진행한 비전 트립을 통해서다. 이 비전 트립은 난민캠프의 개신교 카렌족 학생들을 한국으로 초청하여 한국의 교육과 생활 등 문화 전반에 대한 이해를 돕기 위해 기획된 것으로, 연구자는 당시 이들에게 거주지 인근 시설을 안내하고 식사를 함께 했다. 이처럼 연구 이전부터 형성된 킨 미니스트리 구성원 및 카렌족과의 친분을 통해, 카렌 난민들의 상황을 청취하거나 한국의 재정착

난민 카렌족을 만날 수 있는 장소와 경로 정보를 얻을 수 있었다. 연구자료 수집을 위한 참여관찰과 면담은 2021년 10월부터 수행되었으며, 그 과정을 간략하게 제시하면 다음과 같다. 2021년 10월 7~9일에 킨 미니스트리의 구성원인 정○○ 목사의 자택에서 정○○ 목사와 같은 일터에서 근무하고 있는 카렌족들과 만난 것을 시작으로 한국의 카렌족을 참여관찰하기 시작했다. 재한 카렌족과의 라포 형성을 위해 개신교 카렌족이 부평의 한 교회에서 진행하는 종교행사에 2주 간격으로 방문하였으며, 2021년 12월 20일에 킨 미니스트리 한국 대표이자 KKBBSCkawthoolei Karen Baptist Bible School and College, 카렌침례신학교에서 한국으로 파송된 박○○ 목사와 면담을 진행했다. 카렌 난민의 개별 면담은 참여관찰을 수행하던 중 인터뷰에 응한 이들을 대상으로 이루어졌다. 인터뷰이는 모두 한국에서 5년 이상 거주한 이들로, 한국어 사용이 유창하진 않았으나 표현이 능숙한 수준이었다. 인터뷰는 모두 한국어로 진행되었으며, 서로의 이해를 돕기 위해 영어 사용이 부수적으로 이루어졌다. 인터뷰 도중 주위의 다른 이들이 카렌어로 첨언하는 내용은 인터뷰이가 통역했다. 카렌족 인터뷰이들의 신상 보호를 위해 본문에서는 이들을 모두 익명으로 기록함을 미리 밝힌다.

2

공동체의 이산 혹은 '난민-되기'의 다중 구조

제삼국재정착이라는 과정을 통해 한국사회에 자리잡은 카렌족의 특이성은 이들이 경험한 역사·정치·종교·문화적 맥락 등의 총체로 나타난다. 난민의 발생과 난민 캠프의 형성과정, '카렌족'이라는 정체성과 구분이 나타나게 되는 계기는 선형적이거나 단편적인 원인과 결과만을 지니는 것으로 이해할 수 없다. 따라서 각 개체의 현 상태와 관계 맺는 조건들과 존재가 서로 주고받은 영향의 이해는 다층·다각적인 관점을 통해 이들이 놓인 환경 속에서 종합적으로 고려할 필요가 있다.

그 이해를 위해, 이번 장에서는 국가 미얀마[1]의 정세와 관련한

---

[1] 이 연구에서 미얀마로 명칭하고 있는 국가는 경우에 따라 '미얀마' 혹은 '버마'로 불리고 있다. '미얀마'라는 국명은 1988년을 기점으로 과거의 군부 정권이

역사와 지리학적 특성을 통해 미얀마 사회의 상황을 재구성하며 사회·정치적 사건의 흐름을 살피는 일을 선행한다. 그런 후에 카렌족이라는 정체성과 역사, 난민 캠프의 발생 경로, 기독교로 표현되는 종교적 특성이 한국의 카렌 난민과 어떤 관계망에 놓여있는지 살필 것이다. 그 내용은 연구자가 검토한 문헌 자료의 내용과 더불어 카렌족 면담자들과 난민 캠프의 카렌족과 긴밀한 관계를 맺고 있는 킨 미니스트리의 관계자들의 구술을 종합적으로 제시하면서 한국의 제삼국재정착 난민 카렌족의 발생 경로가 전개되어 온 과정을 재구성하는 방식으로 서술한다.[2] 한국의 재정착난민 카렌족

내세운 것으로서, 군부 통치의 정당성을 부정하기 위해 '버마'라는 호칭을 사용하는 사람들이 있는 한편, '버마'라는 단어는 국가 인구의 대다수를 차지하는 버마족에서 파생된 것으로 다민족 연방국가라는 이상에 걸맞지 않다고 평가하는 사람들이 있다. 이 연구에서는 혼란을 방지하기 위해, 서술하고 있는 국가가 국제사회에서 통용하고 있는 명칭으로서 '미얀마'를 채택하여 서술한다.

2) 본문에서 기술하는 역사와 카렌족 난민의 발생 과정, 전개 과정은 심층면접과 참여관찰을 통해 수집한 자료와 연구자가 검토한 문헌의 내용을 바탕으로 재구성된 것이다. 본문에서 제보자들의 구술을 토대로 작성한 내용은 인용 각주를 생략하고 있지만, 구술 내용의 변형 없이 직접 인용하는 경우 각주로 표기하고 있음을 밝힌다. 2021년 하반기부터 시작된 이 연구의 수행 기간 중 지속된 코로나바이러스-19 펜데믹 상황과 2021년에 2월에 발생한 쿠데타 국면이 1년이 지나도록 진정되지 않은 미얀마의 정세, 그와 더불어 더욱 불안정해지는 태국과 미얀마 접경지역의 정황상 연구자가 이 연구의 대상인 재정착난민 카렌족이 머물던 지역에 직접 방문해 현장에서 자료를 수집하는 일은 어려웠다. 이를 대신하여 한국의 카렌족 커뮤니티와 킨 미니스트리가 진행하는 카렌 난민 캠프 교육지원사업의 일환으로 2022년 3월에 한국을 방문하기로 계획되어 있던 카렌 난민 캠프의 신학교 총장으로부터 현지의 사료를 전달받고 분석 작업에 활용할 예정이었으나, 앞서 언급한 상황이 원인이 되어 기존의 방문 계획이 취소되었다. 미얀마에서 발생하는 정치적 사건들로 인해 난민 캠프에 새로 유입되는 이들이 증가하고 있고, 국경 인근의 비무장지역이나 국내실향

의 특이성을 서술하기 위한 바탕이 되는 자료는 재정착난민 당사자이기도 한 제보자들의 구술을 통해 확보하고, 이들이 직접 거쳐온 역사적 사건과 환경에 대한 기억과 진술을 문헌자료 검토 및 자료 재구성 과정에서 참조하였다. 즉 이 장의 내용은 연구자가 수집한 구술자료들로부터 현상의 이해에 핵심적으로 작용하는 것으로 여겨지는 역사·사회적 사건과 사례들을 도출하여 이를 기존의 연구 및 문헌자료와 함께 배치하면서, 분석에 사용된 자료의 현장성은 한국의 제삼국재정착 난민 카렌족과 난민 캠프를 경험한 제보자들의 구술기억을 통해 보충하는 방식으로 작성되었다.

그중 국가 미얀마의 역사를 우선하여 카렌족 난민의 발생 조건을 살피는 까닭은, 연구의 대상인 제삼국재정착난민 카렌족은 그 자신이나 이전의 세대가 미얀마의 국가 체제와 갈등하는 과정을 거쳐 국가 없는 상태에 도달하였기 때문이다. 복합적 존재인 제삼국재정착난민 카렌족이 현재의 상태가 되어온 경로와 계기들을 국가적·종족적·문화적 특성 등을 통해 정리하자면 다음과 같다.

> 민(IDP)들이 머무는 곳마저 총격이 가해지거나 무력분쟁이 일어나고 있는 현재의 상황에서, 카렌족 집단의 리더(leader)가 자리를 비우게 되는 경우 집단 내의 혼란이 가중될 것으로 판단되었기 때문이다. 이러한 상황 속에서, 이 연구에서 카렌족의 이산 과정을 이해하기 위해 필수적으로 종합해야 할 내용과 이를 뒷받침하는 자료의 재구성은 한국에서 접촉할 수 있는 카렌족과 제삼국 재정착 카렌 난민, 태국·미얀마·난민 캠프를 방문한 적 있는 킨 미니스트리의 구성원들의 구술을 바탕으로 하여 자료의 현장성을 강화하고, 기존 연구자들이 수행한 연구자료와 문헌 검토의 교차검증을 통한 내용을 제시하는 것으로 자료의 충실함과 객관성을 담아내려 하였다.

1. 카렌족 난민의 발생 조건과 사회생태

미얀마는 금세기 들어 정치·사회적 쟁점이 첨예하게 대립하던 나라 중 하나라고 할 수 있을 것이다. 특히 2021년 2월 6일 벌어진 군부 쿠데타가 1년이 넘게 지속되면서, 그에 맞서는 시민들이 비폭력 시위, 무장투쟁, 시민불복종운동을 전개하며 '봄의 혁명'을 이어가는 상황이 이를 극단적으로 보여주는 사례라 할 수 있다.

> 미얀마 힘들어요. 이거 2년 전에 코로나 때문에 힘들었고, 거기 지금, 거기 쿠데타 때문에 많이 힘들어하지. 저 가족들이 다, 선생님이, 거기 다 간호사랑 학교 선생님들이 자기 직업이 없어요. 일 없는 사람이 많아요. 왜냐면 쿠데타 데모하니까. 저, 가족들이 여자 5명에서 4명가, 저까지 다섯 사람인데. 자기들이, 저가 여기 자리잡으니까 괜찮았는데 자기들이, 자기네가 많이, 다, 다. 왜냐하면 그 군인들이한테 미주, 거기 안좋아하니까. 또 반대했는 사람들이도 가지말고. 학교 가지말고, 병원 가지말고. 그렇게 가면 안돼, 가면 무서우니까 안 가다가 잘랐어요. 이렇게 잘라 낸 곳 많아. 그래서 힘들어요.[3]

---

3) 제보자 E(여성, 64세, 무직)의 구술(2022년 3월 17일, 카페 ROTAM).

요즘에, 그때 88년도에도 사람이 많이 죽어요. 그랬지만 작게 마무리했어요. 지금 1년 넘었어요. 그 중에서도 죽은 사람 천 명 넘어. 그리고 집에 내가 가야되는데 아직 못 가요. 무서워요. 미얀마에서도 제가 거기, 나이 많으면 거기, 이렇게 가게 하게 해달라고, 지났는데, 코로나 때문에 못 가고 2년 넘었어요. 못 가고. 이렇게 데모하다가 코로나가 되니까, 돌아가신 사람들이 많고. 총 때문에 돌아가신 사람들 많아. …(중략)… 병원에 가니까 병원에서 자리가 없어요. 병원에 바로, 가도 못가고, 안되고.[4]

2020년 총선 결과를 부정하며 발생한 군부 쿠데타에 미얀마 시민들은 저항운동을 시작했다. 그러나 저항운동을 폭거로 무마시키는 군부 쿠데타 세력에 의해 상황은 장기전에 접어들었다. 2020년부터 전 세계를 휩쓴 코로나바이러스 감염증-19COVID-19 펜데믹과 겹친 2021년의 쿠데타, 이후 이어진 내전은 물리적 폭거와 함께 교육과 의료체계의 붕괴, 실직, 질병 등 중첩된 상황으로 점점 악화되었고 쿠데타는 장기화되면서 그 피해 규모를 증가시켰다. 이러한 미얀마의 민주화 운동은 2021년 이전에도 수차례에 걸쳐 촉발된 적 있다. 그중 제보자 E가 현재 진행 중인 민주화 운동과 연관하여 회고하는 1988년도에 일어난 '8888 봉기'는 당시 군부의 몰락을 불러오는 결과를 낳은 저항운동의 대표적 사건이다.

'8888 봉기'의 시발점은 1988년 3월 12일에 경찰 호송차에 태워져

---

[4] 제보자 E(여성, 64세, 무직)의 구술(2022년 3월 17일, 카페 ROTAM).

이송 중이던 양곤대학 학생 41명이 최루가스에 질식사한 일이다. 미얀마 최대의 도시 양곤에 위치한 양곤대학이 학생들의 시위로 인해 폐교되었다가 다시 문을 열자마자 벌어진 사건이었다. 이 사건의 진상규명이 이루어지지 않자, 양곤대학 학생을 중심으로 시작된 시위는 같은 해 8월까지 네윈 군부에 대한 민중항쟁으로 확대·지속되었다. 특히 1988년 8월 8일의 시위는 '8888봉기'로 불리며, 네윈 군부의 몰락이라는 결과를 낳았다. 그러나 같은 해 9월 18일에 소마웅 장군의 친군부 쿠데타가 발생했고, 시위대에게 무력과 발포로 대응해 수많은 사상자를 내고 시위는 중단되었다.[5]

살펴본 사건과 같이, 국가 미얀마 정권의 역사는 개국 이후 군부 통치와 시민저항, 쿠데타의 반복된 정치적 형국으로 빼곡하게 맞물려 있다. 수많은 쟁점이 대립하는 양상의 이해는, 국가 미얀마 설립 이전부터 그 지리적 환경 내에서 역동한 관계 역학을 살피는 것으로 그 초석을 놓을 수 있겠다. 우선 이 글의 연구 대상인 카렌족이 삶을 꾸리던 지역이 조미아zomia의 일부였다는 점을 짚어보는 것이 좋을 것이다. 조미아는 동남아시아의 광대한 고원지대를 지칭하는 말로, 쓰촨 남부에서부터 미얀마 북부, 인도의 동북부, 태국 북서부, 메콩 강을 기점으로 북쪽의 라오스 전역, 베트남 북서부와 캄보디아 북동부지역에 걸친 산지이다.[6] 식민시기 이전 동남아시아에서의

---

5) '8888 봉기'와 관련한 내용은 박장식, 「미얀마 군부 지배의 역사적 고찰: 그 정치 동력의 구조」, 『역사비평』 136, 역사비평사, 2021, 266~269쪽을 참조.
6) 제임스 C. 스콧, 이상국 옮김, 『조미아, 지배받지 않는 사람들』, 삼천리, 2015, 53쪽.

국가 건설은 집중된 인구와 농경을 감당할 수 있는 토지가 필요하기에 지리적 요인에 제약을 받았다. 따라서 평지 국가의 핵심부에서 떨어져 있는 고원의 사람들은 지리적 요건상 상대적으로 고립되어 있어, 국가 체제의 수립으로부터 빗겨난 자율성이 발달할 수 있었다.[7]

현재의 미얀마 북부가 조미아 일부에 겹쳐있는 만큼, 미얀마는 고원지대에 분포해 거주하던 다양한 산악 부족들을 그 구성원으로 삼고 있다고 판단할 수 있다. 그러나 미얀마의 인구를 구성하고 있는 다양한 부족 중에서도 그 비율의 대부분을 차지하는 종족은 있다. 현재 미얀마 인구의 약 70%를 차지하는 종족은 버마족이다. 꼰바웅 왕조가 통치하던 버마족의 왕국은 19세기 말엽 영국의 식민지가 되었다. 이후 이 지역은 3년간 일본 군부 정권에게 통치당한 시기가 있었으나, 다시 영국에게 복속되었고 2차 세계대전이 종식되던 무렵인 1948년이 되어서야 독립 미얀마로서 다시 한번 국가를 설립하게 된다. 버마족의 민족주의운동을 독립 기반으로 삼은 미얀마는 비록 다민족 연방을 표방하고 있었음에도 불구하고, 다수와 소수민족들 간 분규를 해결하지 못하고 내전 또한 예방하지 못했다.

근대적 의미의 미얀마 국군의 창설은 아웅산으로부터 비롯되었는데, 그는 민족주의운동의 리더로서 무력투쟁을 통한 독립운동을 지지했다. 아웅산은 독립 직전 미얀마연방 의회 구성을 위한 총선에서 승리할 정도로 카리스마적 정치 지도자였으나, 정부 구성에

---

[7] 위의 책, 67~68쪽 및 81쪽 참조.

불만을 품었던 우누에게 암살당한다. 아웅산으로 내정되어 있던 총리직은 우누가 대신하게 되었다.[8] 그러나 집권당의 분열과 연방정부에 반발하는 세력과 내전이 겹치며 정국이 불안해지자, 우누는 1958년에 국군 사령관 네윈에게 권력을 이양한다. 2년 후 군부 과도정부는 다시 민간에게 정권을 이양하고, 총선에서 다시 우누가 정권을 잡게 되지만 기존 정부의 문제점은 해결되지 않았다. 이에 네윈은 1962년 3월에 쿠데타를 결행한다.[9] 1962년에 군부 쿠데타가 일어난 미얀마는 이후 2011년 3월에 군부가 민간정부에게 정권을 이양하기까지 장기간에 걸쳐 군부 정권이 지배했다.

네윈이 주도한 군부 체제는 버마식 사회주의로, 사실상 실제 사회에 적용된 것은 언론 자유의 탄압과 표현의 금지, 외국 기관의 강제퇴거, 산업의 국유화가 핵심적인 사안이었다. 불교 역시 네윈 정권하에서 정치적으로 통제받을 수밖에 없었다. 그러나 거듭된 경제 정책 실패와 차가워진 사회적 분위기로 국민의 지지를 상실한 네윈 군부는 왕조 시대 불교도였던 국왕의 정통성을 불교 승단이 지지하고 권위를 보장했던 전통에 기대어 권력의 적법성을 드러내기 위해 불교를 후원하기 시작했다.[10] 군부는 불교를 후원하며 지지층 확장을 꾀했지만, 거듭된 화폐 개혁과 정치적 실패는 국민의 정권 우호도를 추락시켰고 미얀마 사회는 정치적 안정과 거리가 멀어지게

---

8) 이 글에서 서술하고 있는 군부 정권의 역사에 관해서는 박장식, 앞의 글, 257~281쪽을 참조.
9) 위의 글, 260쪽 참조.
10) 위의 글, 262~266쪽 참조.

된다.

  이 분위기 속에서 맞이한 1988년은 미얀마의 민주화 운동의 역사에서 중요하게 여겨지는 해라고 할 수 있는데, 앞서 언급한 바와 같이 8888 봉기가 일어나고 네윈 군부가 퇴거하게 만드는 시민운동이 전개된 연도이다. 그러나 같은 해 9월 18일, 거세었던 시민운동을 억누르며 발생한 소마웅 장군의 친군부 쿠데타로 인해 신군부는 다시 한번 권력을 장악하게 되었다. 시민들의 민주주의에 대한 열망을 의식한 신군부는 1989년 1월에 기자회견을 열어 총선거 실시를 알리게 된다. 선거를 앞둔 상황에서 미얀마의 정당은 군부가 후원하는 NUP National Unity Party, 국민연합당와 아웅산의 딸인 아웅산수찌가 이끄는 NLD National League for Democracy, 국민민주연합으로 양분되어 구성되었다. 신군부는 국가명을 버마Burma에서 미얀마Myanmar로 개칭하는 한편, 아웅산수찌를 총선거 유세 기간 중 가택연금시키며 총선을 대비했다.[11] 그러나 1990년 선거는 NLD가 총 의석의 87% 이상을 차지하는 것으로 마무리된다.

  군부는 총선거 이후 새롭게 구성된 의회에게 권력을 이양하는 대신, 소마웅이 설치한 국가법질서회복위원회를 통해 새로운 헌법 개정이 필요하다는 것을 이유로 총선거의 결과를 무시하고, 군부가 지명하는 의원들이 신헌법을 제정할 것이라 발표했다.[12] 하지만

---

11) 위의 글, 269쪽 참조.
12) 문기홍, 「군부 권위주의 체제와 민주화: 미얀마의 민주화 과정과 민주주의 후퇴 현상을 중심으로」, 『아시아리뷰』 11, 서울대학교 아시아연구소, 2021, 226쪽 참조.

신헌법 제정과 민주주의의 도입 진행이 점차 연기되자, 국내외로 이에 대한 우려와 불만의 목소리가 커지기 시작했다. 1990년도부터 오랜 기간 교착상태에 빠진 채 연기되기만 하던 헌법 기초와 국민투표 실시, 신정부 구성이 이루어진 것은 결국 2011년이 되어서다. 비록 오랜 시간이 걸렸고, 신정부가 군부의 대리 정당으로 구성되긴 하였으나, 이때부터 군부 독재 정권에서 준-민간정부로 정권이 이양되었다고 볼 수 있다. 2015년의 총선거에서 NLD가 다시 대승을 거두며 미얀마에 비로소 민간정부가 탄생하였다는 대내외적 평가가 이루어진다.[13] 2020년의 총선에서도 NLD는 다시 한번 대승하며 미얀마의 민주화 과정은 안정화되는 듯했다.

    2021년 2월 1일, 미얀마 군부는 국가비상사태를 선포하고 총선의 결과를 부정하며 수도를 봉쇄했다.[14] 미얀마 시민들은 다시 저항운동을 시작했다. 저항운동에 폭거로 대응하는 군부 쿠데타 세력에 의해 상황은 장기전에 접어들었다. 혼란스러운 상황에서도, 국민투표로 선출된 국회의원들은 연방의회대표위원회를 구성했다. 연방의회대표위원회는 4월 16일에 NUG(National Unity Government, 국민통합정부)를 출범해 윈민을 대통령으로, 아웅산수찌를 국가 고문으로 추대했다.[15] 민주화를 둘러싼 저항이 지속되는 동안, NLD 행정부의 인사를 이어받은 연방의회대표위원회는 NUG의 장관 15명 중 6명,

---

13) 위의 글, 218쪽.
14) 엄은희, 「장기화된 미얀마 위기, 중층적으로 읽기」, 『황해문화』 111, 새얼문화재단, 2021, 272쪽.
15) 문기홍, 앞의 글, 237쪽.

차관 12명 중 6명을 소수민족 정치인으로 구성하는 등 미얀마 내 소수종족의 목소리를 더 많이 반영하려는 행보를 보이고 있다.[16]

미얀마의 행정구역 중 7개의 도에는 미얀마의 인구 중 대다수를 차지하는 버마족이 다수 거주하고 있으며, 산악지역에 분포한 7개의 주에는 100가지 이상으로 분류되는 소수종족들이 주를 이루어 살아가고 있다. 이 소수종족들 역시 2차 세계대전의 종료와 함께 독립과 자치에 대한 열망을 지니고 있었다. 특히 미얀마의 소수종족과 버마 종족의 갈등은 소수종족들이 식민기 통치전략의 일환으로 하급관리 등으로 기용되어 버마와 종족 갈등을 빚어온 것을 포함하여, 산악 영토의 자원에 대한 이해관계 등이 복잡하게 겹쳐 구성되었다.[17] 이 종족 갈등은 국가 미얀마의 수립 이전부터 시작되어, 개국 이후 군부와 소수민족 무장단체 간의 분쟁으로 이어졌다. 이와 같은 민족 분쟁과 갈등을 완화하고 평화를 추구하는 것이 NLD 1기 정부의 과제 중 하나였다.

소수종족 지역의 민심이 차츰 NLD에서 돌아서는 모습은 2017년과 2018년의 보궐선거 결과로부터 관찰할 수 있었다.[18] 이는 2016년에 출범한 NLD 1기 정부가 내걸었던 개혁과제에도 불구하고 NLD가 지속적으로 보여 온 버마 중심주의적 태도 때문이다. NLD 1기 정부의 개혁과제 한 축은 미얀마를 다민족 연방국가로 설립하려는

---

16) 위의 글, 239쪽.
17) 엄은희, 앞의 글, 264~265쪽.
18) 장준영, 「단 하나의 미얀마는 가능한가」, 『창작과 비평』 49, 창비, 2021, 373쪽.

목표를 지닌 평화협상의 과제다. 그러나 미얀마에서 2017년 벌어진 로힝자Rohingya 탄압은 NLD가 내세운 과제와 가치로부터 상당한 거리를 두고 있었다고 판단할 수 있다. 로힝자는 아라칸 주에 거주하는 무슬림 커뮤니티로, 이들로 대표되는 미얀마의 소수 민족 문제는 궁극적으로 버마족의 종족 민주주의에 기반하고 있다. 2019년에 로힝자족에 대한 집단학살 혐의로 미얀마가 국제사법재판소에 기소되었으나, 아웅산수찌는 재판에서 버마군의 명분을 옹호하는 모습을 보여 국제적인 비판이 한층 거세어졌다.[19] 그러나 인종 학살 처벌을 받아야 한다고 기소된 '국가'를 대표하고 대변한 '지도자'로서 아웅산수찌의 모습은 대다수 미얀마인, 즉 버마 뿐 아니라 다른 종족의 지지를 이끌어내는 계기가 되기도 했다.[20]

로힝자 탄압은 국제사회의 반향을 일으키는 동시에 제각기 다른 강도로 미얀마 정치·경제 상황에 영향을 미쳤다. 이는 미얀마의 지정학적 위치에서 설명할 수 있다. 미얀마는 중국과 태국에 긴 국경을 공유하고 있으며, 그 외에도 방글라데시, 인도, 라오스 등 주변국과 인접한 국가이다.[21] 미얀마를 둘러싸고 영향력을 행사하

---

19) 이준성·정한웅, 「미얀마 군부의 로힝자족 탄압과 대응방안」, 『한국사회과학연구』 39, 계명대학교 사회과학연구소, 2020, 191쪽.
20) 홍문숙, 「미얀마 2020: NLD 총선 승리의 시사점과 평화-민주주의-발전의 위기」, 『동남아시아연구』 31, 한국동남아학회, 2021, 129쪽.
21) 로힝자족 탄압의 원인에 영향을 미치는 지정학적 요인 중 미얀마와 중국과의 관계에 대해서는 이준성·정한웅, 앞의 글, 172쪽을 참조. 그 외 서구로 대표되는 미국과 유럽의 관계에 대하여 장준영, 「로힝자족 문제와 국제관계의 동학: 이해당사국의 대응과 국가이익」, 『아시아연구』 22, 한국아시아학회, 2019, 207~208쪽을 참조할 수 있다.

는 국가들은 제각기 다른 정치·경제적 이념을 지녔는데, 그것들은 때로 충돌하고 대립하기도 하는 것으로써 그 사이에 놓인 미얀마의 국제정치적 중요성을 높이기도 한다. 예컨대, 미얀마는 중국에게 인도양으로 향하는 항구를 제공하거나, 미국은 시장경제 체제를 수용하지 않는 미얀마에게 제재와 압박을 가하는 식이다.

로힝자와 관련하여 유럽과 미국은 미얀마의 인권실태를 문제 삼아 제재 수단으로서 경제 압박을 단행했다면, 중국은 미얀마의 내정에 간섭하지 않는다는 원칙을 내세우며 로힝자 문제에 개입하지 않았다. 인도는 민주주의 국가의 위상을 지니고 있으나, 국내 정치가 무슬림과 대립각을 세우고 있어 국가안보의 유지 차원에서 중국과 마찬가지로 내정불간섭을 근거로 삼아 로힝자족 보트피플을 받아들이지 않고, 로힝자족 송환과 재정착을 지원하는 방안을 마련하는 등 소극적인 대응만을 보이고 있다. 아세안은 그간 미얀마와 긴밀한 관계 속에서 외부 세계의 접촉과 국제사회의 문제들을 논의하는 매개자의 역할을 해 왔다는 점에서 특히 주목할 만한데, 로힝자는 미얀마 내 법적으로 무국적자이기에 구호가 어렵고, 아세안 국가 중 난민협약에 가입한 국가가 없어 난민 수용 등 실질적인 문제 해결을 할 수 없는 상태이다.[22]

이처럼 미얀마 사회는 군부 정권과 민주화라는 문제뿐 아니라 미얀마를 구성하는 소수종족 간의 대립 등 다양한 내부적 상황을

---

22) 인도와 아세안이 미얀마의 로힝자 탄압과 관련하여 정치적으로 보여주고 있는 대외적 대응 방식과 구호 상황에 대해서는 장준영, 앞의 글, 205~238쪽을 참조.

조정하는 동시에, 국제 정세 속에서 파생되는 조건들로 인해 유동한
다. 살펴본 바와 같이 미얀마의 대다수 인구를 구성하고 있는 주류
종족은 버마이지만, 다양한 소수종족들이 미얀마인으로, 혹은 국적
을 지니지 못한 채 국가 미얀마의 영토 내에 공존하고 있다. 그
중 무슬림으로 탄압받고 국가에서 축출되는 과정을 겪은 로힝자가
있었던 것처럼, 미얀마 국토 내부의 소수종족들은 하나의 국가국민
으로서 정체성을 지니기 어려운 환경에 놓여있었다고 할 수 있다.
또한 식민통치와 더불어 2차 세계대전의 종료 이후 민족주의를
기반으로 한 독립과 자치의 이상이 각 부족 간 갈등의 골을 더욱
깊게 하였음을 알 수 있다. 미얀마라는 국가가 건립된 이후에도
장기지속된 군부정권은 사회의 혼란을 더 가중시켰다. 오랜 기간에
걸친 민주화 운동을 통해 안정화되는 것처럼 보였던 미얀마의 정세
는 지금도 종결되지 않는 문제 상황 속에 놓여있으며, 국가 설립
이후 계속해서 사회로부터 배척받았던 소수종족과의 연대를 일부
모색하며 여전히 타개책을 찾는 중이라고 정리할 수 있겠다.

2. '난민 캠프'의 형성과 민족의 구성

재한 카렌 난민은 '카렌족'이라는 정체성을 지니고 있는 동시에,
이 민족적 구분으로 인해 국가 미얀마와 갈등하는 특성을 보인다.
카렌이란 종족적 명칭은 미얀마 지역의 전근대 말엽으로 여겨지는

18세기 중반에 본격적으로 등장한 것이다. 이 시기 혼란했던 버마 하부의 정세 속에서 한 집단의 정치적 자원이자 대항의 논리로 창조된 종족성이 '카렌'이라고 할 수 있다. 18세기 중반부터 19세기 초반에 걸쳐 하부 버마는 반란과 전쟁이 그치지 않는 지역이었다. 버마족 왕조는 몬족의 반란과 샴족과의 전쟁에 카렌족을 군인으로 차출했고, 카렌족은 버마족 왕조에 대항하거나 흩어져 도주하며 그 해방의 창구로서 카렌이라는 종족성을 자원으로 삼아 집단의식을 고취했다.[23]

버마와 샴의 전쟁에 동원되며 절핍한 생활을 이어가던 카렌족의 고통은 아이러니하게도 영국이 하부 버마를 점령하며 전쟁이 종료되는 것으로 끝났다.[24] 고난과 역경의 시간 동안 카렌족은 희망을 갈구하는 신화를 구전했는데, 그 내용은 '유와[25]'라는 신이 보낸 백인 형제가 카렌족이 잃어버린 약속의 책인 황금책을 가지고 오면 카렌족은 비로소 신과 다시 연결되고 고난에서 벗어난다'는 것이다. 때마침 영국의 식민지배와 함께 성경을 가져온 백인 침례교 선교사와의 만남은 카렌족에게 있어 신화의 현실화를 뜻했다.[26] 한편 이는 산지山地 사회의 특징으로도 해석될 수 있는데, 산지의 사회는

---

23) 이상국, 앞의 글, 2016a, 239쪽.
24) 이상국, 앞의 글, 2012a, 13~14쪽.
25) 카렌족의 구전 내러티브에서 *Tha*라고 불리는 신적 존재는 영문으로 Ywah 또는 Y'wa, 혹은 Yuwah 등으로 다양하게 표기되며, 실제 발음은 'u-wa'에 가깝다.
26) 제임스 C. 스콧, 앞의 책, 486쪽.

대개 평지와 그 시스템적인 측면에서 차이점이 있기 때문이다. 평지인들이 구원 종교인 불교와 이슬람을 따를 때, 산악민들은 대개 정령숭배자였고 20세기에는 기독교인이 되었다. 비정통을 따르며 천년왕국의 열망을 품은 산악민들은 평지 사회의 엘리트들에겐 위협적인 존재가 되기 마련이었다.[27]

천년왕국과 예언자적 전통을 계승하던 카렌족은 신화 속 메시아를 침례교의 메시아로 상상했다. 따라서 식민세력에 적대하지 않았으며, 신학교 교육을 통해 영어를 능숙하게 구사하는 카렌족이 배출되자, 영국은 이들을 식민행정의 관료와 군대 전위부대에 기용했다.[28] 이는 수적으로 우세한 주류 민족인 버마족을 군사와 행정의 중심인력으로 삼게 되면 식민정부에 위협적인 반대세력으로 전환될 가능성을 염두에 두고, 상대적으로 소수민족인 카렌족을 요직에 등용하는 것을 선호한 영국의 전략이기도 했다. '군사 소수 집단'으로서 기용된 카렌족은, 이를 통해 종족성으로서의 '카렌' 정체성을 더욱 굳건하게 만들 수 있었다.

한편 식민지 상황에서 억압받는 버마족과 영국에 협력적인 카렌족 사이의 원한과 적대심은 커졌다. 식민통치 하에서 하급관리의 역할을 담당하던 카렌족은 버마족과 반대의 입장에 서는 경우가 많았고, 갈등은 깊어졌다.[29] 아웅산을 비롯한 버마족 민족주의자들

---

27) 위의 책, 63쪽.
28) 이상국, 앞의 글, 2016a, 240쪽.
29) 이상국, 앞의 글, 2012a, 24~26쪽.

의 반식민지투쟁이 공격적으로 변해가자, 카렌족은 이를 저지하면서도 민족주의에 영향을 받아 자치와 '민족국가'에 대한 열망을 키워갔다. 카렌족 민족주의자들은 버마족과 분리된 국가 설립을 원했지만, 결국 각기 다른 민족국가로 분리되지 못하고 미얀마는 1948년에 독립하게 되었다.

독립 미얀마에 참여하지 않았던 '카렌민족연합Karen National Union'은 그 다음 해 미얀마 정부에 맞서 무장 투쟁에 돌입했다.[30] 그러나 초기의 기세와 다르게 카렌민족연합이 자리를 잡은 지역은 점차 점령당했고, 특히 20세기 말 핵심 요새를 빼앗기며 카렌족이 국경지대에서 운영한 준국가체제는 사라졌다. 꼬뚤레Kawthoolie, 즉 카렌족이 준국가체제로 운영하던 거점에서 거주하던 카렌족 사람들은 난민이 되어 태국으로 이주했다. 이 상황에 대응하여 태국당국과 NGO, 유엔난민기구는 카렌족 난민들을 수용하는 난민 캠프를 국경에 건립했다. 카렌족 난민이 소규모로 발생한 1980년대에는 난민들이 난민촌을 이루어 살았으나 이는 자율적인 자체의 마을이었다. 그러나 카렌민족연합의 핵심 요새가 점령당한 후 발생한 대규모 난민 사태에 국경의 안보문제가 대두되며 태국당국은 카렌 난민촌을 통폐합하는 정책을 추진했고, 한때 30여 개에 달하던 난민 캠프는 현재 9개로 재편되었다.[31]

---

30) 이상국, 앞의 글, 2016a, 243쪽.
31) 카렌민족연합의 와해와 난민 캠프의 재편에 관련한 내용은 이상국, 앞의 글, 2016a, 244~245쪽 참조. 현재 난민 캠프는 총 9곳(Ban Nai Soi, Ban Mae Surin, Mae La Oon Camp, Mae Ra Ma Luang Camp, Mae La Camp, Umpiem

〈사진 1〉 멜라 난민 캠프 전경
(제공: 킨 미니스트리)

〈사진 1〉은 9개의 난민 캠프 중 멜라 난민 캠프Mae La Camp의 전경이다. 멜라 난민 캠프는 미얀마와 국경을 맞대고 있는 태국의 메솟Mae Sot에 위치해 있다. 이 캠프는 태국의 난민 캠프 중 가장 큰 규모로 주된 구성원은 카렌족이다. 다수의 카렌족 지도자들이 거점으로 삼고 있는 이 난민 캠프는 전체 난민 캠프에 물자를 공급하는 헤드쿼터 역할을 수행하며 난민 캠프의 중심지 역할을 하고 있다. 난민 캠프가 위치한 태국 정부의 방침에 따라, 캠프 안에서 이루어지는 경제 활동은 제한적이고 캠프 간 이동이 자유롭지 않으며, 교육 역시 기초적인 수준에서 제공된다. 캠프의 경계에는 태국의 군인과 경찰이 배치되었고, 경제 활동을 제한당한 채 캠프 안에

Mai Camp, Nu Po Camp, Ban Don Ynag Camp, Tha Hin Camp)이다. 이 중 카렌니족 난민 캠프 2개를 제외한 7개의 난민 캠프의 주된 구성원은 카렌족이다.

〈사진 2〉 멜라 난민 캠프 내부
(제공: 킨 미니스트리)

거주하고 있는 이들은 매달 한 번씩 식량을 배급받는다. 난민들은 캠프 인근의 농장 등에서 노동력을 제공하고 일당을 받거나 캠프 안에서 소규모 거래와 물물교환을 하고, 〈사진 2〉에서 보이는 것과 같이 캠프 안에서 구획을 나누어 재배하는 작물과 더불어 비무장지대에서 수렵·채취한 식료·자재 등으로 제한적인 경제 안에서 한정적인 물자 공급에 대응하고 있다.

카렌족은 민족 개념의 발흥부터 미얀마의 국가 체제와 저항하는 무장세력을 지닌 소수민족이라는 상태, 난민 발생과 난민 캠프의 수립까지 다기한 역사를 거치면서 '카렌'이라는 민족성을 만들었다. 그러나 카렌족은, 그 과정을 거치면서 단 하나의 카렌족으로 구성되지는 않았다. 다시 말하자면 '카렌족'이라는 민족의 구성은 한 번에 완성되어 그 본질이 지속되며 갈라짐이나 파편화 없이 유지된 것이 아니다. 우선 영국이 센서스census를 수행하며 카렌족을 범주화하는 과정에서, 평지의 불교도 카렌족을 버마족으로 분류하여 카렌족의 인구를 축소시켰다는 불만이 제기되었다는 것으로부터 이 문제를 풀어나갈 수 있겠다.[32] 이와 같은 불만은 평지의 버마족과 접해 살아가는 카렌족의 경우 버마어를 구사하는 불교 신자가 많았기에, 영국 식민당국이 버마와 카렌을 지역과 언어, 종교의 구분 없이는 상이한 집단으로 분류하는 것에 난관을 겪었음을 시사한다.

이는 결국 카렌족 경계 설정의 불분명함을 나타내는 것이다. 영국 식민행정이 인구 조사를 수행하며 부족 구분에 어려움을 겪은 이유는 대상자들이 언어와 종교 등으로 변별되지 않으면서 같은 지역에 거주하고 있었기 때문이었다. 생태 환경은 그에 따라 생업과 주거, 의례 등 문화를 구분하기 때문에 이로부터 종족을 범주화할 수 있는 조건이 발생되기도 한다. 그러나 이 조건은 단일하게 존재함으로써 종족을 완성시키거나, 어떤 한 부족을 형성하는 것에 있어 반드시 필요한 것이 아니다. 오히려 정치적 프로젝트로서 구별되는 다름의 생산은 어떤 특징들을 중요하다고 여기고 그에 의미를 부여하는 것으로부터 시작된다.[33]

정치적 필요에 의해 구성된 것으로서 정체성을 주장하거나, 타인의 시선에 의해서 기획되고 또 당사자들이 전략적으로 유용하기도 하는 종족성은 하나의 역사를 써내려간다. 이 역사는 민족이나 종족 등의 정체성으로 재영토화되지만, 다수자들에게 저항하고 투쟁하는 존재로서 소수자를 다수자의 역사와 대칭적 관계에 놓는다는

---

32) 이상국, 앞의 글, 2016a, 241쪽 참조.
33) 제임스 C. 스콧, 앞의 책, 446쪽.

점에서 의미를 찾을 수 있다.[34] 카렌족은 그 자신이 소수이자 다수인 역사를 기록하면서도, 이산과 집합을 통해 다시 몇 가지 집단으로 나누어져 내부의 소수성을 확장하기도 했다.

이를테면, 카렌족은 평지의 왕국들에 퍼져 있었는데, 각 카렌족 집단은 때로 왕국에게 협력하는 존재였다. 몬-버고가 통치하던 지역의 포카렌은 몬-카렌으로 알려져 있고, 카렌족의 대부분을 구성하는 스고카렌과 다른 특징을 지니고 있다. 버고 왕국이 멸망하였을 때 타이족의 영역으로 흩어진 카렌족은 타이족의 필요에 의해 영토의 경계 영역에 자리잡게 되었다. 치앙마이에게 카렌족은 '숲의 수호자'로 여겨졌고, 그 땅에 처음 도착한 자이며 협력과 무역 관계에 있는 상대로서 의례에서 중요한 역할을 했다.[35] 이처럼 각 카렌족 집단의 정체성은 복수의 시대와 거주지의 형세에 따라 그들이 관계 맺은 사회로부터 영향을 받는 것으로 파악할 수 있다.

정주하기보다 각기 다른 환경을 거치며 삶을 이어온 카렌족 행위 주체들은 마주치는 대상에 따라 기존에 존재하던 종족성에서 탈주하고, 다시 재영토화한다. 이를 통해 카렌족의 역사는 넓은 범주에서 하나의 연속적 역사로서 귀결되지 않고, 비연속적이며 갈래 쳐지는 역사를 구성한다. 카렌족은 그 자체로 여러 집단과 공동체를 넘나들며 만들어진 정체성이라고 할 수 있다. 이는 결코

---

34) 이진경, 『역사의 공간』, 휴머니스트, 2010, 88~89쪽.
35) 카렌족 안의 범주 분류와 그 역사적 특징에 대해서는 제임스 C. 스콧, 앞의 책, 462~463쪽 참조.

단일하게 규정될 수 없으며, 특정한 국면마다 조우한 마주침들을 통해 끊임없이 변용하는 관계를 맺는 것이다.

민족성을 이렇게 중첩되고 복수적인 의미와 개념을 지닌 다층화된 양태로 파악하고 접근하면서도, 난민 캠프 안 카렌족이 학습하는 민족적 정체성은 근대 이후 민족주의자들이 열망하고 구현하고자 했던 자치와 독립, 또 준국가체제를 운영했던 과거의 기억을 재현하는 것으로 생각해 볼 수 있다. 카렌족의 준국가체제가 와해되고 집합 거점에 거주하던 이들의 이산 후에도 카렌족은 난민 캠프 안에서 교육과 종교활동을 매개로 '카렌족'의 언어와 문화, 전통을 이어갔다.

태국과 미얀마 국경지대에 세워진 몇 개의 난민촌으로 이산·이주하게 된 카렌족의 상황은 어쩌면 카렌족의 민족-국가에 대한 열망과 민족주의 운동을 단절시킬 계기가 될 수도 있었다. 그러나 과거 근대적 민족국가를 꿈꾸었던 이들은 이제 난민으로서 카렌족으로 난민 캠프 안의 학교에서 언어·문화·역사 교육을 통해 카렌족의 고유성을 학습할 기회를 마련하고, 카렌 국가를 제창하는 등 민족주의 계승의 일환으로 파악할 수 있는 환경을 조성한다.[36]

캠프에서 재생산되는 카렌족의 민족성은, 특히 난민 캠프의 제한적인 환경 안에서 태어나는 다음 세대들을 향한 교육 체계로 구현되고 있다. 멜라 난민 캠프 안에서는 민족국가에 대한 되새김과 민족주의를 재생산하는 것으로써 카렌족의 언어와 역사 교육, 국가國

---

36) 이상국, 앞의 글, 2016a, 248쪽.

歌, 국기 등이 사용된다. 그러나 캠프의 교사들이 수행하는 교육 방침은 카렌난민교육부가 제공하는 교과서를 되풀이하는 방식이라는 점이 난민 캠프 안 일반적 교육의 한계로 지적되고 있다.

> 우리 캠프에는 선생님이 되기 위한 시험 필요 없어요. 중학교 졸업하면 선생님 될 수가 있어요. 그 책이 있잖아요. 졸업하면 책이 있으면 돼요. 교육 그런 거 높지가 않아서 그냥 졸업하면 해도 돼요, 선생님. 그리고 월급은 그렇게 많이 받지 않아요. 태국 돈으로 천원? 그 정도에요, 한 달에. (연구자: 천 바트 정도.) 네. 선생님들이 내가, 내가 개인적으로 봤을 때 그렇게 공부 잘하지가 않아요. 그냥 책 읽는 대로 읽어요. 이해는 안 시켜줘요. 시키지 않아요. 그래서 공부가 좀, 여기 왔으면 어려워요. 교육이 달라서.[37]

캠프의 교육을 담당할 인적 자원을 난민 캠프 안에서만 운용하게 될 경우, 난민 캠프에서 수행되는 기본 교육 수준을 통제하는 태국 당국의 정책과 맞물려 교육실무자의 학력 역시 일정 수준을 넘어서기 어렵다는 점이 가장 먼저 지적되는 문제다. 즉 난민 캠프가 수립된 이후 세대가 거듭됨에 따라 캠프에서 교육을 담당하는 이들은 주어진 교육 내용을 반복하여 학습한 이들로 고착될 가능성을 지니고 있는 것이다. 한편 난민 캠프 안에서 접할 수 있는 국제난민기구, 봉사자와 선교사 등으로 매개된 외부세계 역시 '난민'이라는

---

[37] 제보자 C(여성, 19세, 학생)의 구술(2022년 3월 27일, 월드와이드스테이션 카페).

위치에 놓인 캠프 거주자들을 그 유입 경로, 즉 국가로부터 축출된 경위와 그 특이성을 파악하는 것으로부터 접근하기 때문에, 이러한 외부세계의 영향 역시 난민 캠프 구성원의 정체성을 거듭 고착하는 방식으로 작용할 수 있다. 그러나 이런 경우에서도 민족성은 환경에 조응하여 같은 동역학적 관계에 놓인 개체들의 존재 방식을 가다듬는 것으로, 즉 되어가는 것으로서 그 내부에 여전히 변용의 성질을 담지하고 있을 가능성을 가늠해 볼 수 있겠다.

3. 기독교도 되기의 경로와 이유

쏘 에포에 따르면, 카렌족의 침례교는 신학교를 통해 카렌 민족국가주의의 프로파간다를 수행하면서 난민 캠프와 IDP 지역에 종교적 복음을 전하는 통로로 기능했다.[38] 카렌 침례신학교는 해마다 태국과 카렌 캠프, IDP 지역들을 대상으로 선교 캠페인을 진행한다. 카렌 민족-국가주의는 교육을 통해 정치적 의식들을 다음 세대에 전달하는 것으로 전승되었는데, 특히 카렌 침례교회들은 난민 캠프의 카렌족에게 '꼬뚤레'에 대한 열망을 계속해서 일깨우고 간직하게

---

38) Saw Eh Poe, "A Critical Understanding of God "Ywah" and Its Impact on the Role of KKBBSC From the Perspective of Karen Refugees (Mae La Camp)", Master's thesis, Yonsei University, 2020, p.73.

했다. 카렌족에게 기독교가 종교·신앙 중심의 수행을 넘어 정치적 프로파간다를 전달하는 역할을 함께 맡게 된 배경은 비근대부터 이어진 카렌족의 구전과 역사, 기독교가 간직한 종교적 기록물과 형식, 또 현재에 이르기까지 이들의 생활상이 혼재되어 생성된 것이다.

카렌족의 초기 기독교는 서구 식민국으로부터 수용된 외래종교로 접촉된 것이나, 이는 카렌 난민들에게 확산되는 과정에서 변형된 코드를 지니게 되었다. 쏘 에포의 논의에 따르면, 멜라 난민캠프 안 상당수의 성직자는 카렌족의 구전 속 신적 존재 "유와Ywah"를 그리스도교의 신적 존재인 히브리Hebrew 신 "야훼Yaweh"와 동등하게 여겼으며, 카렌족 역시 그리스도교의 유대인들이 그렇듯 신에게 선택된 사람들로 생각했다.[39] 다시 말해, 카렌족에게 기독교의 신은 구전된 신화 속 존재인 신과 같았고, 기독교에서 등장하는 구원의 내러티브는 조미아의 산악부족들이 대개 지니고 있던 천년왕국적 세계관과 유사한 맥락으로 해석되었다. 카렌족의 분투는 성경에서 표현되는 기독교도의 고난으로, 복음을 얻은 카렌족이 성취할 '국가'는 기독교도들이 열망하는 '하나님의 나라'에 대한 비전으로 이어졌다.

카렌족 난민의 종교 생활은 기독교의 형식 안에서 일관된 종교적 방식으로만 수행되는 것이 아니라, 미시적인 생활을 영위하는 이들의 다양한 활동과 욕망이 투영된 종교적 틀로서 때마다 어떤 형태로

---

[39] Ibid., p.75.

표현되는 것이다. 이와 같은 기독교 의례문화는 하나의 완료형으로 고정되지 않는다. 현재 한국의 카렌족 난민들이 실행하는 신앙의 양태는 이들이 한국으로 유입되며 겪은 환경의 변화와 시간에 따라 달라지는 상황과 정세, 시점을 수용하며 동시간적인 변화 양상을 그 안에 포함하여 나타난다.

예를 들어, 연구자가 관찰한 2022년 5월 15일의 한국의 침례교 카렌족 예배에서는 선한 사마리아인을 주제로 한 설교가 진행되었다. 목회자는 설교의 도입에서 마음과 행동이 일치하지 않을 때 겪게 되는 혼란함을 정신적 고통으로 설명하며, 교인들에게 혹시 아침에 일어나 PDFPeople Defense Force, 국민방위대와 탓마도(미얀마 군대)의 소식을 찾아보지 않았는지, 그리고 그 소식을 통해 어느 정도 규모의 사상과 피해가 있었는지, 만일 버마인들의 피해가 크다면 기뻐하지 않았는지에 대한 성찰을 촉구했다. 개신교 성경 구절 중에서 선한 사마리아인의 비유는 사랑과 자비를 베푸는 자가 바로 진정한 이웃으로, 다른 이에게 주의를 기울이고 선을 행하라는 것이 주된 요지로 설파되는 대목이다. 사마리아인은 과거 유대인들에게 유대 혈통의 순결함을 지키지 못했다고 여겨져 교류를 삼가야 할 집단으로 분류되었다. 이러한 구분은 설교에서 버마와 친, 카렌, 한국 등의 집단 분류에 비유되었다. 목회자는 교인들이 버마인과의 깊은 갈등에서 오는 반목의 감정과 한국에서 생활하며 겪은 차별에 대한 기억들을 지니고 있음을 통감하면서도, 어떤 상대이건 그 관계를 단절하고 무시하는 대신 그를 자신의 이웃으로 여길 것을 요청했다. 한편 종교적 신앙은 카렌 난민들이 현실에서 이룩하고자 하는 목표의 성취에 필수적으로 결부된 것으로 묘사된다. 서로 다른 정체성, 더 나아가 주류와 소수민족 간의 폭력적인 갈등을 겪은 이들 사이에서도 그 구분을 넘어 서로 선의를 보여야 함을 역설하며, 그렇게 경건함을 보일 때 '하나님의 나라' 즉 꼬뚤레의 소망이 실현에 가까워질 수 있음이 설교를 통해 전달되었다.

상술한 바와 같이 연구자는 카렌족의 종교 현상이 신앙 행위자들의 정치적 상황과 삶을 반영하며 변형되고 있음을 파악하면서, 한국에 재정착한 카렌족 난민의 종교행사 역시 복합적인 이유와 의미가 중첩된 현상으로 접근할 필요가 있다고 판단했다. 그 이유는 카렌족의 개신교 종교행사가 신앙을 표현하는 의례인 동시에 난민 캠프의 교육구조 바깥에 놓인 기독교도 카렌족이 자신들의 언어를 다음 세대에게 학습시키는 장소이기도 하면서, 한국에 체류 중인 이들 사이에서 생활을 서로 공유하는 시간이 되기도 하며, 카렌족 이외의 사람과 친교의 매개 역할을 하고 새로운 환경에 적응을 돕는 것으로 관찰되기 때문이었다.

카렌족 예배의 참여자들은 대개 가족 단위로 참석하는데, 3~6개 가정의 10~30여 명의 인원과 예배를 담당하는 성직자가 포함된다. 다음의 〈사진 3〉과 〈사진 4〉는 2022년 1월 2일에 진행된 카렌 예배의 주보이다. 주보에는 교회의 주소와 담당 성직자의 이름, 날짜가 적혀있고, 예배 진행 순서 안내와 교독문, 찬송을 함께 기재한다.

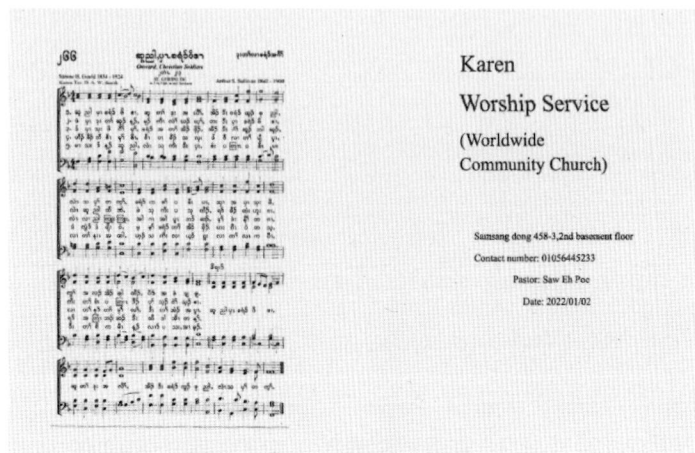

〈사진 3〉 카렌 예배 주보 앞면
주보는 A4용지를 반으로 접어 사용한다. 표지에 진행 장소의 주소와 연락처, 담당 목회자와 날짜가 표기되어 있다.

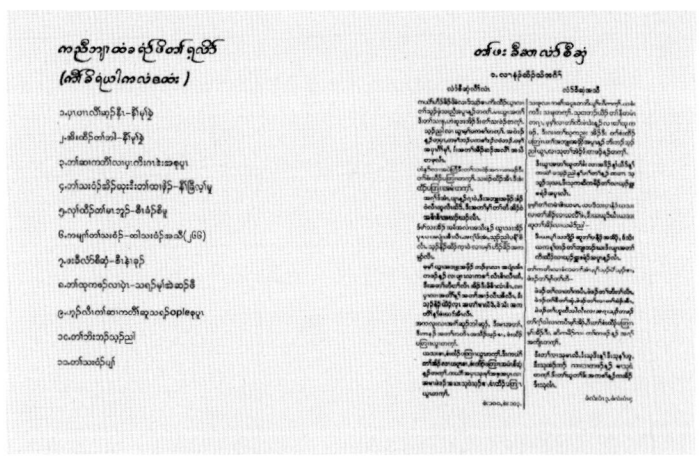

〈사진 4〉 카렌 예배 주보 뒷면
예배 진행 순서가 적힌 면과 교독문을 인쇄한 면으로 구분되어 있다. 경우에 따라 교독문 대신 찬송의 악보가 인쇄되기도 한다.

예배 진행은 일반적으로 매주 같은 순서가 반복되며, 참여자들 대다수는 카렌어 성경을 지참하기 때문에 주보의 필요성이 낮아 구태여 인쇄하지 않는 경우가 잦다. 기존 카렌 예배 구성원이 아닌 연구자가 카렌 예배에 참여관찰을 수행하기 시작하며 참석했던 예배 중 2022년 1월 2일과 2022년 1월 9일에는 주보를 받을 수 있었다. 그러나 예배 진행자들의 판단하에 주보가 반드시 필요하지 않다고 여겨져 다시 인쇄를 중단하게 되었다. 이후 언어적 한계로 진행 상황을 알기 어려운 연구자가 예배의 흐름을 따라가는 것에 있어 어려움을 겪을 때마다 옆에 앉은 이들이 도움을 주기 시작했다.

침례교도 재한 카렌족의 개신교 종교행사는 대개 정해진 몇 가지 순서를 반복하며 진행된다. 우선, 행사를 진행할 공간이 정해지면 그 공간에 설치된 기자재를 확인한다. 카렌족이 집합하는 곳은 인천에 위치한 대한예수교장로회 소속 □□교회이다. 이 교회 건물은 지하 2층부터 지상 6층에 걸쳐 15개의 공간으로 나뉘어져 있다. 일요일에는 해당 교회에서 4부로 진행되는 주일예배, 예배 참여자들의 나이에 따라 나뉜 6개의 예배, 또 경우에 따라 각종 부대행사와 모임을 진행하기 때문에 카렌족이 종교행사를 진행하는 장소는 교회 행사로 인한 공간 점유에 따라 유동적인 편이다. 종교행사를 진행할 공간에 설치된 음향장비, 건반과 기타, 드럼 같은 악기, 빔 프로젝터 등의 구성과 상태 확인 후 예배 진행자의 안내에 따라 예배가 시작된다.

예배의 시작은 함께 찬송 몇 가지를 부른 후 전반적인 순서를 이끄는 이가 단상에 나서는 것으로 알 수 있다. 예배 인도자의

〈사진 5〉 카렌 예배 진행 모습
Father's Day를 기념하며
각 가정의 아버지들을 축하하고 있다.

〈사진 6〉 카렌 예배에서 생활나눔을 하는 모습

 간단한 인사와 개회를 알리는 말이 끝나면 개회 찬양과 더불어 예배 참석자들은 자리에서 일어나 예배당 안을 돌아다니며 서로에게 인사를 건넨다. 참석자들이 서로 인사를 끝내고 자리에 앉으면 예배 인도자는 단상의 마이크를 옆으로 돌리고 뒤쪽으로 물러서 앉는다. 제보자 E가 'Time for everybody'라 번역하는 주보 상 세 번째 순서의 진행을 위해서다. 이 차례는 예배 참석자들이 자유로이 앞에 나와 한 주간 생활한 이야기나 영적 깨달음을 나누거나, 성경 구절을 읽거나, 기도 혹은 찬양을 하는 등의 활동을 할 수 있게 마련된 시간이다.

 2022년 1월 2일에 진행된 예배에서 생활 나눔의 내용은 주로 코로나바이러스감염증-19 감염이 사회적으로 확산되는 상황에서도 건강할 수 있음에 대한 감사와 다른 카렌 구성원들의 건강 회복 기원, 새로운 한 해를 무탈히 넘길 수 있는 역량을 지켜나갈 수 있도록 다짐하는 것들이었다. 한편 이 시간은 예배 참여자들에게 다양한 언어를 연습하는 시간이 되기도 한다. 카렌어가 익숙하지 않은 이들은 주변의 격려를 받으며 카렌어 찬송을 부르거나 성경 구절을 읽기도 하며, 한국어가 서툰 이들은 한국어로 성경 구절을 읽거나 신앙 가치와 결부되어 있다고 여겨지는 영어 팝송을 부를 때도 있다.

다음으로 헌금 및 찬송이 이어지고, 헌금기도 후에 다시 한번 찬송을 부른 후 교독문을 낭송한다. 대표 기도를 맡은 이가 설교 전 기도를 끝마치면 성직자가 단상으로 나와 설교를 시작한다. 준비한 설교가 완료되면 다음 주 예배 인도자의 지정 더불어 교회 소식 및 예배 참석자들과 관련된 안내를 위한 시간이 주어진다. 이때 설교자와 예배 인도자, 봉사활동으로 카렌족들에게 이동 수단을 제공하면서 교회와 개신교 카렌족 사이의 소통창구 역할을 하는 한국인 사역자들이 차례로 앞으로 나와 전달 사항을 알린다. 이후 폐회 기도를 마지막으로 개신교 카렌족의 종교행사는 마무리된다.

개신교 종교행사를 진행하는 카렌족은 일요일마다 같은 공간에 모여 얼굴을 마주하며, 평소 생계와 일상 활동으로 소홀했던 정보 교환과 생활 소식을 전한다. 종교적 신앙에서 비롯된 예배 절차 참석과 수행, 친교의 목적 이외에 이 종교행사에서 부각되는 점은 교육적 행위였다. 상술하였듯 참여자들은 예배의 세 번째 순서를 카렌어와 한국어, 영어 등 각자에게 낯선 언어를 다른 사람들 앞에서 사용하는 기회로 삼기도 한다. 난민 캠프에서 출생했지만 어릴 때 한국으로 이주해 언어를 충분히 학습하지 못했거나, 한국에서 태어난 세대들에게는 카렌어 성경을 읽거나 찬송을 연습하는 일들이 요구되고 또 격려된다. 자리에 착석한 고령자들은 단상에서 천천히 카렌어 성경을 읽어나가는 이를 보며, 연구자에게 "잘 읽지 못했는데, 연습해서 이제 잘하게 되었다"고 언급하기도 했다. 종교행사 참여자 중 성인들, 특히 캠프 안에서 태어난 세대가 아닌 미얀마와 태국 등의 국가에서 생활했던 경험이 있는 이들은 교회를 종교행사를 위한 공간이자 민족의 언어를 배우는 장소로서 기억하고 있었다.

영국 식민 때, 카렌 학교가 있고 카렌어로 공부할 수 있는데, 그 뒤에, 뒤에 그냥 미얀마, 바꾸니까. 그 때부터, 거기, 카렌어도 못 배워요. 저도 어릴 때 못 배워요. 그렇지만 교회 가면 카렌어 하니까. 주로 그 때. 저도 애기 때부터 거기, 뭐야, 피아노 하니까 매주 매주 거기 교회 가니까. 계속 가니까. 계속 들어서. 부모님들이 카렌 사람, 그래서 카렌말하면 이거 카렌 아니고, 따로 카렌. 그래서 여기 사람들이랑 카렌 사람, 카렌 말으로 해요. 여러 자리에서 와서, 보니까, 말하면 말하고 자기들이 말을 또 어쩌고. 다 달러. (연구자: 다 스고카렌어를 쓰시는 게 아니에요?) 우리가 스고카렌. 원래 제가 모에 카렌, 모에 하고. 스고카렌이 메인이니까. 뭐, 행사들이 하면 스고카렌만 많이 써요. 라디오, 뭐 방송 다 카렌, 스고카렌어만 쓰니까. 카렌어 두 가지 있어요. 그래도 같이 섞어 사니까, 자기들이 조금 아니까, 제가 스고카렌말 해도 알아요. 제가 포에도 알아요. 그래도 제가 포어하면 모르기도 해. 그렇지만 스고는 메인 랭귀지니까 알아요.[40]

동남아시아 일대를 점령했던 영국의 식민지하에서 식민권력에 포섭되었던 카렌족의 언어는 교육 기회를 보장받을 수 있었다. 그러나 미얀마의 국가 수립 이후에는 소수민족의 언어를 더이상 공공기관에서 학습할 수 없었는데, 그 대안으로 카렌족의 언어교육 기능을 담당한 곳이 교회였다. 기독교가 전파된 후 기독교로 개종한 비율이 높았던 카렌족은 교회 공간에 모였다. 교회는 자연스레 카렌어를 사용하고 익힐 수 있는 공간이 되었다. 제보자 E는 미얀마에서 대학까지 졸업한 인물로 자신이 어릴 적부터 카렌어를 '들어' 익힐 수 있었던 공간은 교회였다고 회고했다. 카렌족 내 세부 계열에 따라 사용하는 언어 역시 나누어지는데, 가장 많이 사용되는 언어는 스고카렌어로 카렌족을 대상으로 하는 라디오와 방송 등에서 대표적인 언어로 사용되고 있다. 만약 친족親族 안에서 언어를 학습할 수밖에 없다면, 포어, 카야어, 파오어, 스고어 등 다양한 언어와 방언들로 나뉘는 계열들 중 친족이 사용하는 특정 언어만을 모어로 배우게 되지만, 교회라는 공간에서는 다른 카렌족과 섞이며 소통을 위한 대표 격 "메인 랭귀지"를 배울 수 있게 된다. 이것이 기독교 카렌족을 공통의 언어로 소통할 수 있게 만든 하나의 조건이 되었다.

한편 개신교 카렌족에게 종교행사가 이루어지는 공간이 비단 종교적 의례 행위와 친목도모 이외에도 교육적인 의미를 지니고

---

40) 제보자 E(여성, 64세, 무직)의 구술(2022년 3월 17일, 카페 ROTAM). 구술에서 언급되는 스고카렌(S'gaw Karen)은 여러 집단으로 나눌 수 있는 카렌족 중 수적으로 다수인 집단이다. 난민 캠프의 카렌족과 한국의 재정착난민 또한 스고카렌족이 대부분이다.

있으며, 그런 의미들로부터 파생·매개되는 효과 역시 존재하고 있음을 무시할 수 없다. 집단적 행위이자 문화의 일종으로서 종교가 미치는 영향은 난민 캠프 안의 종교관 대립이나 캠프별 리더십 문제, 캠프를 넘어선 카렌족 조직화와 다른 세력들과 교류를 결정하기까지 다양한 수준과 층위에서 전개되고 있었다.

난민 캠프 안에 있는 기독교 커뮤니티가 있는데 기독교 커뮤니티를 우리가 강북이라고 쉽게 표현하고 무슬림 지역, 불교 지역을 강남이라고 표현하거든. 분위기가 틀려. 다리가 있는데 다리를 건너오면 여기는 그냥 완전 그냥 산에 집들이 이렇게 빼곡하게 있는 거고, 이쪽은 평지처럼 이렇게, 골짜기의 평지 같은. 그러면 거기에 이제 병원, 학교 이런 게 좀 이렇게 그나마 있어 보이게, 표현하기 좀 애매한데 어차피 엉망인데 있긴 있어. 여긴 없고. 그리고 넘어가면 이제 거기서 가게에서 옷도 팔고, 문구도 팔고, 아이스크림도 팔고 그러거든. 그럼 그쪽에 있는 사람들은 외부 지원을 받는 불교나 무슬림쪽을 통해서 외부 지원을 받으니까 지원이 좀 더 있잖아. …(중략)… (배급품) 지원을 골고루는 하는데, 그렇게는 하는데 그게 이제 개인 후원처럼. 이쪽이 기독교 커뮤니티 카렌인은 기독교인데 태국이 불교 국가다 보니까, 일종의 이제 전도를 목적으로 그쪽으로 전향을 하면 가게를 할 수 있도록 지원한다든지, 뭐 아이디를 주고 아이들이 학교를 다닐 수 있게 한다든지, 뭐 이런 게 지원이 있어. 그러니까 이제 기독교 부족인 카렌 사람들 중에 캠프 생활이 벌써 이제 40년이 넘어 가까워지고 있으니까, 자기들도 지쳤고 자기 며칠,

뭐 몇 주, 몇 달이면은 본국으로 돌아가서 자기 땅 자기 마을에서 살 수 있을 거라고 생각했는데, 그게 이제 장기화되면서 1세대 죽고, 자기 늙어 가고, 자녀 세대가 꿈도 없이 성장하고. 근데 옆에서는 뭐 아이스크림 먹고 있고, 음료수 먹고 있고, 텔레비전 보고 있고, 핸드폰 들고 다니고. 이게 이제 눈에 보이기 시작하니까 넘겨주는 거지.[41]

사이먼 총장님이 돌아가실 때 했던 세 가지 유언이 있거든요. … (중략)… 어디에서나 말씀을 놓지 않고, 이게 첫 번째. 두 번째가 어디에서나 복음을 전하고, 두 번째. 세 번째가 이제 늘 믿음의 공동체들과 함께 살아라. 공동체적인 메시지를 늘 담고 있어요. 그래서 카렌 사람들은 계속 어디를 가나 뭉쳐요. …(중략)… 처음에는 우리도 카렌 프로젝트로 들어갔어요. 그런데 여기 이제 난민캠프 내에서 여기 특히 카렌 사람들이 너희는 다르다. 어떤 사람들은 목적을 가지고 들어오잖아요. 근데 우리는 목적이 없이 들어갔어요. 그냥 우리는 그냥 느그가 하자는 대로 할게. 이제 이렇게 해서 들어갔는데 다르다 너희가. 그래서 킨이라는 이름을 거기서 붙여줬어요. …(중략)… 정확한 이름은 Karen Equip Embracing Nations예요. 그래서 카렌이 열방을 품고 여기다 열방에 선한 일을 할 수 있도록 도구화시키는. 카렌을 도구화, 카렌에게 기술을 전파하고 교육을 시키고 하는 그런 일을 담당해 달라고. 그래서 제일 먼저

---

41) 정○○(남성, 47세, 킨 미니스트리 디렉터)의 구술(2022년 3월 30일, 홍천 노마드하우스).

한 사업은 교육이에요. 그래서 그 교육의 가장 첫 번째 일환으로 KVT라고 Karen Vision Trip. 그래서 카렌의 넥스트 세대들, 차세대 리더들을 한국에 초청하는 일을 먼저 했어요.[42]

난민 캠프, 7개의 난민 캠프에 있는 선생님들이 이제 모여 있는 거예요. 보면은 이분들이 1년에 한 번씩 수련회를 하거든요. 그래서 모든 선생님들이 다 난민 캠프에 있는 모든 선생님들이 다 여기 와서 난민 캠프마다 다 신학교가 있거든요. 그래서 이 사람들한테 물어보니까. 또 자기네 뭐 도와줄까요. 저희 교육할 수 있도록 도와주세요. 그래서 난민 캠프 내에서 슈퍼 1등 하는 애 있잖아요. 걔를 위해서 야 너 비자 받을 수 있도록 비자 발급 절차부터 필리핀에서 공부하는 거 매달 들어가는 생활비 다 대줄게, 너 나가라 하잖아요. 그럼 애는 남들은 3년 만에 박사학위 하는데 이 사람은 1년 만에 하는 거예요. 하루에 2시간씩 자면서. 왜냐하면 자기가 원래 하루에 한 끼 먹잖아요. 이 사람들이. 근데 이틀에 한 끼 먹기로 결정을 하고 이 사람을 보내. 그러니까 민족의 이런 짐들을 등에 지고 가서 공부하기 때문에.[43]

---

42) 박○○(남성, 42세, 킨 미니스트리 한국 대표)의 구술(2021년 12월 20일, 박○○ 대표 자택).
43) 박○○(남성, 42세, 킨 미니스트리 한국 대표)의 구술(2021년 12월 20일, 박○○ 대표 자택).

카렌족의 기독교도 되기와 다른 종교로의 전향은 다양한 요인들로 인한 경로짜임을 지니고 있는 것이 특징이다. 멜라 캠프는 캠프를 가로지르는 물줄기를 경계로 기독교 카렌족의 대다수가 거주하는 지역과 불교·무슬림 카렌족이 대부분인 지역을 구분할 수 있다. 그 둘의 차이를 외부 지원에 의한 물적 부유함의 정도로 구분하는 정○○ 목사는, 이 차등 지원이 종교적 이유라고 설명했다. 국교로 불교를 채택하고 있는 미얀마와 태국 사이의 국경에 자리잡은 카렌족의 영토, 태국 국토 안에 위치한 난민 캠프라는 사실이 개신교 카렌족을 직접적으로 억압하지는 않을지라도 이들을 타 종교로 회유하거나 신앙을 포기하게 만들 조건이 갖춰진 환경이라는 것이다. 난민 캠프라는 경계는 미얀마나 태국 내부의 종교적 억압과 반기독교적 분위기로부터 기독교 카렌족을 분리하는 기능을 지니고 있지만, 경제적 활동이 제한받는 난민 캠프 내외부의 절박한 자원 상황에서 종교적 이유로 인한 생활 수준의 격차를 무력하게 지켜보아야 하는 상황에 놓이게 하는 장치로 작동하기도 했다. 그러나 캠프 안에 있는 신학교와 영적 지도자들의 존재, 때로 접촉하는 외부세계의 지원은 이 현상을 어느 정도 무마시켰다.

난민 캠프의 신학교는 일반 학교의 교육과정에서 벗어난 교육을 제공할 뿐 아니라 난민 캠프 안 교회들의 연합행사를 주도하여 네트워킹을 담당하거나 타국의 선교사와 교류하고 외국으로 유학생을 보내는 교두보가 되기도 한다. 멜라 캠프의 신학교, KKBBSC[44]의

---

44) Kawthoolei Karen Baptist Bible School and College는 1983년에 카렌주에

전 총장인 사이먼의 유언은 신앙의 유지와 더불어 "믿음의 공동체"와 함께하기를 당부하는 것이었다. 이러한 가치들의 공유 아래 개신교 카렌족은 종교적 신앙을 통해 내부적인 유대감을 쌓을 수 있었고, 카렌족이 주된 구성원인 7개의 난민 캠프마다 설립된 신학교의 교육자 간 교류를 이루어내며 난민 캠프의 지리적 한계를 넘어선 네트워킹을 지속할 수 있었다.

한편 난민 캠프에서 제공되는 고등교육인 신학교 이상의 교육 기회는, 개신교를 매개로 기독교 카렌족과 연결된 외부 단체의 지원을 통해 가능해졌다. 예컨대, 캠프 안의 우수한 인적 자원을 해외의 학교로 보내 카렌족의 차세대 역량을 키우는 일에 외부의 지원을 이용하는 것이다. 한국에서 재정착하는 카렌 난민들에게 개신교와의 연결고리가 신앙으로부터 비롯된 종교적 수행, 언어교육의 기회, 재한 카렌족들 간 소통의 장이 되는 것 외에도 생활의 안정을 높이기 위한 도움 요청이나 취업 알선 등의 창구로 활용되었듯이, 난민 캠프 안에서 카렌족의 종교 역시 교육의 기회와 삶의 수준을 결정짓는 요인으로 기능하는 것으로 판단된다.

카렌족의 기독교 의례문화는 카렌화된 의례문화로서 존재하며, 의례참여자들의 수행을 통해 난민공동체의 종족성을 표현하고 변형하며 확장하는 것으로 작동한다고 이해할 수 있다. 종교와 의례,

---

설립·운영되던 학교였으나 전투와 박해 등으로 인해 멜라 난민 캠프와 태국의 타송양군으로 망명·이전(Exile/Displaced)했다. KKBBSC 홈페이지, 〈http://kkbbsc.weebly.com〉, 2022년 4월 12일 접속. 홈페이지의 내용 참조.

교육의 과정에서 반복적으로 노출되는 '국가'에 대한 이상과 핍박받는 자들로서 카렌 개념을 통해 카렌 난민 구성원들은 결속한다. 즉 카렌 난민들에게 기독교는 난민공동체의 중첩된 종족적·이산적 정체성을 (재)생산하고 구성원을 통합시키는, 카렌화된 기독교 의례문화로 수용되었다고 할 수 있다. 카렌족 난민의 기독교 의례문화는 한국이라는 환경 안에서 일상적 수행을 이어가며 하나의 종교의례문화로 위치한다. 이 의례문화는 변함없이 단일한 의미를 표방하기보다 변화하는 것으로, 유동성을 지니고 때에 따라 그 양태를 바꾸고 있다.

이 장에서는 카렌족 난민들의 특이성을 규명하고 이산 구조를 살펴보기 위해 카렌족과 연관된 사회 환경과 역사, 종교 문화 등의 다층적인 접근으로 살펴보았다. 그 내용을 간략하게 정리하자면 다음과 같다. 우선 카렌이라는 종족성이 분화하고 정치적인 차원에서 이용되기 시작한 것은 18세기경으로 해석할 수 있었다. 동남아시아의 고원지대에 흩어져 거주하던 산악인들은 각 집단을 서로 왕래하며 개인의 부족적 정체성을 쉽게 바꾸거나 변화시키기도 하였는데, 이 유동성은 영국의 식민행정 하에서 다소 고착되는 국면을 맞는다.

영국은 주로 평지의 버마족 왕국에게 억압받았던 산악부족, 특히 카렌족을 행정관리로 기용하며 식민지역에서 큰 규모의 인구를 구성하고 있던 집단인 버마족을 견제했다. 집단의 특징 구분을 통해 강화되고 지속되는 민족 분류는 갈등의 원인이 되었다. 제2차

세계대전이 끝나고 여러 민족들을 그 구성원으로 포함하는 국가 미얀마가 건립되었지만, 그간 민족주의를 중심으로 해방 운동을 전개한 버마인들이 정치 세력의 주축이 된 미얀마는 소수민족들과 연합하지 못하고 사회적 불안정과 함께 오랜 기간 민족갈등을 이어왔다.

그러나 카렌족 집단의 경험을 고려하였을 때, 그 정체성은 고정된 것이라기보다 시대와 환경, 조우한 사건에 따라 재정립되는 것이라 할 수 있다. 카렌족은 다시 내부의 집단들로 나뉘어 각각의 사건을 겪고, 여러 집단과 공동체를 넘나들며 복수적 정체성을 구성한다. 그 결과 카렌족 난민의 정체성은 그 자신이 거쳐온 역사와 사회 환경, 또 존재 조건 속에서 끊임없이 유동하며 의미화된다. 따라서 이는 단일하게 규정될 수 없으며 때마다 변화하는 것이다.

카렌족의 종교의례문화 역시 이 정체성의 구성에 조건이자 계기들로 작동한 것으로 파악되었다. 한국에 재정착한 카렌족 난민이 진행하는 개신교 의례와 이들의 기독교도 되기의 경로 역시 다양한 짜임을 통해 행위 주체들의 활동들을 반영하고, 욕망을 투영·발산한다는 특이성을 지닌 것으로 관찰된다. 카렌화된 종교의례의 참여자들의 수행과 종교를 매개로 한 교육은 난민들의 종족적·이산적 정체성을 재생산하고 구성원들을 결속시켰다. 이상과 같이 난민-되기의 다중적인 구조를 분석하면서, 정치와 사회, 역사와 문화의 변화에 따라 이산과 변용의 계기를 맞이하는 카렌족의 정체성은 후험적으로 (재)구성되는 것으로 정리해볼 수 있겠다.

3

이주와 정착 혹은 재정착, '난민-공동체-되기'

카렌족 난민은 난민-되기의 다중구조가 미치는 영향 안에서 유동적으로 자신의 정체성과 특성들을 변환시키며 어떤 완료형에 정착하지 않는 존재다. 어떤 완료형에 정착하지 않는 존재라는 뜻은, 그 존재 조건에 영향을 미치는 역사적·사회적·문화적·정치적·경제적 환경이 변동함에 따라 이어짐과 끊김, 충돌과 분화, 교섭과 단절을 거쳐 언제나 새로운 양상으로 변이하는 존재라는 의미이다. 즉, 한국의 제삼국재정착 카렌 난민들이 지닌 특이성 중 한 축은 난민이 되어가는 상태이며, 이는 앞서 몇 가지 환경과 조건에 중점을 두고 정리하여 일별한 것과 같이 각기 다른 층위에서 규명되어야 할 계기들이 교차되고 또 중첩되어 나타난 것이다. 카렌족 난민들이 난민 캠프에서 한국사회로 이주 및 정착하는 과정에 얽혀있는 사건 역시 다양한 층위에서 발생하고 엮여 복합적이고 총체적인 한국사회의 '제삼국재정착난민 카렌족'을 현시하게 된다.

이때 카렌 난민은 제삼국재정착이라는 제도를 경유하여 한국사회에 유입된다. 이 제도는 한국사회에 자리잡는 카렌족이 '제삼국재정착난민'으로서 특이성을 지니게 하지만, 그 특이성은 오롯이 제도로부터 비롯한 영향이 아닌 각 개체의 중층적 존재성과 상호작용하는 가운데서 발생한다. 따라서 이 제도를 카렌족 난민이 한국사회로 이주하는 결정적인 계기나 단일한 경로로 파악하고, 제도에 집중된 분석만을 시행한다면 카렌족 난민의 이산과 이주에 얽힌 존재와 공동체들의 복합적인 관계양상을 효과적으로 드러낼 수 없을 것이다. 카렌족 난민의 이주와 (재)정착은 종족과 국경으로 표방되는 경계들을 지나며 다양한 강도와 방향의 긴장과 힘이 작용·발산되는 과정이다. 그 과정에서 관찰되는 관계를 종합적으로 고려하기 위해, 이 장에서는 20세기에 큰 폭으로 증가한 난민 발생의 계기들이 함축하는 전 지구적 현상의 정치성과 같은 포괄이고 확장적인 사유부터 집단과 개인이 경험하는 공동체 경계 횡단과 배제의 사례를 종합하여 그 의미를 분석하는 작업을 수행한다.

1. 이산離散과 이주의 정치학

20세기 들어 전 세계적으로 증가한 난민 발생의 배경에는 복합적인 요인이 작용하고 있는데, 이 현상은 카렌족에게서도 관찰할 수 있는 양상을 포함하고 있다. 카렌족은 근대 이전부터 산악지대를 거점으로 평지 국가와 다양한 지역으로 흩어지고 모이는 이주성과 각지의 문화와 자연스레 섞이는 유동성을 지니고 있었다. 그러나 이 유동적인 흐름은 점차 강제성을 더 강하게 띠며 어딘가로 내몰리는 형태로 바뀌었다.

제2차 세계대전의 종료와 더불어 식민국들이 점령했던 식민지로부터 물러나기 시작했다. 식민행정 아래 통치받던 지역에서는 신생 독립국들이 나타나기 시작했고, 이들은 국경구획과 자원 분배, 국민-국가로의 이행 등을 위한 세력 분쟁을 일으켰다. 부상한 사회주의를 둘러싸고 세계적 냉전체제가 형성되었다.[1] 그 뿌리에는 영국에서 시작되어 19세기 중엽을 전후로 서구에 확산된 산업혁명이 있었다. 19세기 말, 자본주의의 발전의 배경 조건이 된 산업발전은 자본과 생산력을 바탕으로 식민국이 식민지를 넓혀갈 수 있게 하는 경제적 토대가 되었다. 식민국과 식민지는 종속 관계 구도를 지니고 식민지에서 착복한 원료는 식민국으로 흡수되었으며, 식민지는 식민국의 잉여 상품을 소비할 수 있는 시장으로 변환되었다. 한편 폭력적으로 팽창해나가는 식민지는 국가 위상을 제고하는 것으로 간주되기도 하였으며, 이에 고양되는 식민국 국민으로서 긍지는 국내의 불만을 누그러뜨리며 사회질서를 유지하는 것에 동원되기도 했다.

제국주의는 세계적으로 하나의 정치 체제를 형성했다. 식민권력은 "토착민들과 그들의 땅에 대한 권리를 겨냥하여 행사된"[2] 지리적

---

[1] 조일준, 『이주하는 인간, 호모 미그란스』, 푸른역사, 2016, 272쪽.

폭력 행위를 자행하면서 지역 경제를 자본주의의 생산양식으로 변형했다. 이런 제국주의는 문화적인 인종 이데올로기와 연동되어 발전한 것이었는데, 인종주의적인 시각에서 전개되는 문명과 야만의 위계적 구분, 그리고 그로부터 기원하는 '문명화'의 사명이 그로부터 파생되었다. 문화적인 인종 이데올로기는 식민지의 분화되지 않은 토지와 권리, 주민의 구분을 사용 언어와 의복, 풍습과 관행의 유사성을 중심으로 구성했다. 행정의 기본 단위로 제도화된 범주 즉 인종과 민족, 부족들의 표상은 '문명화'를 이룩하기 위한 발판이었다. 제국주의적 상상과 편의를 위해 시작된 구분은 범주화된 정치 단위로서 피식민 집단이 이 안에 속하거나 벗어나려는 선택을 통해 민족주의와 국가 건설에 대한 열망을 갖게 하기도 했다.

바바는 "하나로서의 다수the many as one"를 나타내는 동질적이고 통합적인 민족 서사가 양가적인 시간성의 과정을 통해 만들어지는 것으로 사유한다. 즉 과거의 역사적 기원에 근거하면서 현재적 문화의 의미화 과정을 겪어내는 모순적인 시간성 안에서 이질적인 파편들이 모여 상상의 공동체를 구성하는 작업, 그리고 그 지형이 끊임없이 수정·변형됨으로 인해 '민족'이 구성된다는 것이다.[3] 이 과정에서 주체로 호명되는 민중the people은 '제3의 공간'인 의미화의 공간에서 시차를 겪으며 구성된다. 다시 말해 발화의 순간과 도달

---

2) 로버트 J. C. 영, 김택현 옮김, 『포스트식민주의 또는 트리컨티넨탈리즘』, 박종철출판사, 2005, 49쪽.
3) 이경원, 『검은 역사 하얀 이론』, 한길사, 2011, 413~415쪽 참조.

간 시간의 미끄러짐에서 재현의 직접성과 투명성은 확보되지 않으며, 발화 주체는 그 내용에서 소외되고, 생성되는 의미는 결국 일종의 혼종이 된다.[4] 의미의 혼종성으로부터 계속해서 지연되는 주체 즉 민중과 민족이라는 정체성은 변화와 생성의 공간에 자리한다.

이러한 민족의 정체성이 생성되는 순간들의 한편으로, 민족주의란 토지에 대한 권리와 같은 특정한 문제들을 향한 수단으로써 농민이나 노동자에게 하나의 반식민주의적 발화로 기능했다. 즉 민족주의는 그 형태나 형식과 관계없이 불만이나 문제들이 모이고 정치화되는 개념이자 저항과 권력 투쟁을 위한 언어였던 것이다. 정치적·경제적 영향력의 간섭에서 토지와 부를 착취당하던 피식민 주체들의 저항과 투쟁 방식들은 민족주의 안으로 집합되어 서로 경합하며 민족주의 운동을 발명했다.[5] 국가 미얀마의 독립이 있기까지, 버마인들의 기대와 저항이 결합된 민족주의 운동의 전개와 민족-국가에 대한 열망이 미친 영향은 결정적이라 할 수 있다. 그러나 영국은 민족주의를 기반으로 한 평지의 주류 종족의 반식민주의 운동에 대응하기 위해 산악지역을 구분·분리하여 통치했는데, 이로 인해 버마인이 지닌 식민당국에 대한 적개심과 달리 산악민들은 민족운동에서 주변적인 위치를 차지하거나 때론 그 운동을 위협하는 모습을 보였다. 독립 이후 미얀마가 소수민족을 강제로 이주시키거나, 종교 개종 권유, 산악지대와 평지를 잇는 도로 건설 등

---

4) 위의 책, 425~426쪽 참조.
5) 로버트 J. C. 영, 앞의 책, 2005, 302~303쪽.

교통 계획 설립, 때로는 군사력 충돌을 통해 산악지역과 소수민족에 대한 통치권을 확보하려고 한 시도 역시 이러한 정황으로부터 기인한다.[6]

미얀마가 피식민 지역에서 독립 국가로 전환되던 시기에 민족 단위로 일어난 분규와 갈등은 오직 물리적·행정적 분리와 간섭의 형태로만 귀결되지는 않았다. 신생국가들 사이에 국경이 수립되고 하나의 국가 체제 운영을 위한 외교와 통합 정책이 시행되면서, 경계를 구분하기 위한 민족적·지리학적 기준들이 제시되었다. 이에 포섭되기를 거부하는 소수민족은 무력 분쟁을 통해 자신들의 영토와 자치를 주장했다. 카렌족은 이 과정에서 이산을 겪은 수많은 존재 중 하나로 자리매김했다. 디아스포라를 이해하고 규정하는 핵심으로 '강제'라는 개념을 들 수 있는데, 디아스포라는 이주의 강제와 더불어 그 자신이 이주하기 전의 장소로 되돌아가는 것이 봉쇄된 상태라는 의미를 함축하고 있다. 민족-국가를 비롯하여 전 지구적 자본주의 체제로부터 기인한 사회·경제적 불평등 등 모든 종류의 원인으로부터 발생하는 이주는 다양한 정도의 강제를 수반한다.[7]

카렌족은 꼬뚤레라고 명명한 국가정체성을 지니고 준국가체제를 운영하며 민족-국가에 대한 이상을 현실화시키려 했다. 이 시도는 국가 미얀마와 양립할 수 없었으며, 결국 봉합되지 못한 갈등을

---

6) 제임스 C. 스콧, 앞의 책, 60~61쪽 참조.
7) 비린더 S. 칼라·라민더 카우르·존 허트닉, 정영주 옮김, 『디아스포라와 혼종성』, 에코리브르, 2013, 26~27쪽.

빚었다. 미얀마와 꼬뚤레는 서로 적대하며 무력충돌을 이어졌고, 그 끝에 카렌족은 이산하여 정체성을 새롭게 구성해야만 했다. 이렇게 흩어지는 디아스포라는 민족-국가라는 형태에 의문을 던지고 그 경계를 문제화하며, 때로 새로운 유대관계를 생성하는 것에 성공한다. 그러나 그 바탕은 여전히 지배 문화와 연계 속에서 이루어지기 때문에, 민족 혹은 정체성과 같은 개념의 존재로부터 분리되었다거나 거부하는 것으로 볼 수 없다.[8] 그 다양성을 일반화할 수는 없지만, 식민이라는 형태의 제국주의가 철수할 무렵 기획된 제3세계의 민족주의는 대개 위계와 특정 계층의 지배를 거부하는 이데올로기의 형상으로 직조되었다. 그러나 이후 IMF를 선두로 한 금융의 세계화를 통해 경제적 제국주의가 전 세계에 영향을 미치자, 이러한 합리주의와 근대성을 거부하고 '전통'적인 문화에서 기인하는 근본주의적 민족주의를 옹립한 집단들이 생겨나기 시작했다. 문화적 민족주의는 분명 세계화에서 비롯된 현상이지만, 이는 세계화된 경제 의제로부터 돌아서지 않는다. 문화적 민족주의와 세계화는 양립 불가능한 대항쌍으로 존재하지 않으며, 서로 공조한다.[9]

디아스포라는 비록 민족과 분리되지는 않지만, 민족의 한계를 넘어선 인식을 제공할 수 있는 단초가 된다. 그러나 디아스포라들이 뒤섞인 사회에서 '다문화'라는 것이 새로운 삶의 양식을 생성하지 못하고, 서로 다른 특성을 보인다고 간주되는 문화를 그저 한곳에

---

[8] 위의 책, 70~71쪽 참조.
[9] 비자이 프라샤드, 박소현 옮김, 『갈색의 세계사』, 뿌리와 이파리, 2015, 377쪽.

모아둔 것에 불과하다면 이는 그저 사회집단의 관용과 포용성을 과시하는 장치이며, 문화는 그저 "다양한 상품이 될 뿐"이라는 비판을 상기해볼 필요가 있다.[10] 초국가적 자본주의가 주도하는 정치경제 안에서 혼종성은 유행이 되었고 다문화는 미학적 특질을 강조하는 취향이 되었다. 시장 안에서 창조되는 디아스포라 문화 생산물은 그와 연결되어있을 인종화된 집단과 위계질서를 걸러내며 상품화한다. 차이가 흡수되어 균질한 형태로 재생산된 문화생산품은 디아스포라가 발생하게 된 장소에 대한 연관을 지워낸다. 이제 이곳들은 "새롭게 출현한 제국주의의 움직임에 의해 폭격당하고 불구가 된"[11] 장소다. 새로운 제국주의는 거대한 규모의 자본시장과 일정 부분 교섭하며 디아스포라가 건설하는 탈민족적 공간을 절단한다.

식민기의 모습을 조금 변형하여 등장한 제국주의는 세계화된 자본주의의 형상으로 국제 노동 분업과 공모한다. 스피박은 국제 노동 분업이 "19세기 영토 제국주의의 분할된 장이 전위된 것"[12]이라고 명확하게 말한다. 제1세계 나라들은 산업 자본주의와 상업적 정복에 이어 투자자본의 위치를 점했으며, 이는 후에 금융자본으로까지 나아간다. 한편 제3세계 나라들은 제1세계에 종속된 토착자본가들을 통해 그 자본이 투자될 영역을 마련하며 취약하고 값싼 노동력을 곁들여 제공했다.[13] 제3세계는 동원할 수 있는 자본 수준이

10) 김홍진, 「이주노동자들의 공동체」, 『문화과학』 52, 문화과학사, 2007, 200쪽.
11) 비린더 S. 칼라·라민더 카우르·존 허트닉, 앞의 책, 100쪽.
12) 가야트리 차크라보르티 스피박, 앞의 글, 86쪽.
13) 위의 글, 86~87쪽.

낮은 탓에 1차산업의 상품 생산이나 노동 집약적인 생산 단계의 하청에 몰두해야 했고, 이것에 의존한다는 뜻은 지역에서 생산된 상품이 수익성 높은 세계시장으로 빨려 들어가도 그 중간 과정을 매개하여 시세차익을 취하는 이들에게 강도 높은 불만을 표할 수 없었다는 것이다.[14] 제1세계 경제국으로 운송되는 자재, 북반구와 남반구로 분리되어 국제적 하청을 담당하게 된 노동력 제공 지역들은 지구적 자본주의를 재생산한다.

더 높은 노동가치를 찾아 이주하는 이들도 착취가 만연해진 전 지구적 현상을 비껴가는 존재일 수는 없다. 난민 캠프 안에서 태어난 제보자 C의 부모는 일자리를 위해 국경을 건너 미얀마에서 태국으로 이주한 사람들이다. 그러나 난민 신분으로 적법하게 허가받지 못할 일자리를 구하는 이들에게 노동 환경은 한층 열악해질 수밖에 없다. 생계를 위해 거주지역을 떠나 국경 밖의 일자리를 물색하는 이들은 행정 시스템상에서 배제되어 있다는 취약한 존재 조건을 지닌 탓에 국경 주변 도시에서 착취당하며 일한다. 플렌테이션 농장이나 공장에서 저임금과 초과노동에 혹사당하는 이들은 어떠한 법률이나 규제에도 저촉되지 않고 싼값에 운용할 수 있는 노동력으로 취급된다. 동시에, 이들은 그들을 불법·저임금노동을 자행하며 자국의 노동시장을 교란하는 존재로 간주하여 통제 및 감시하려는 정부로부터 불법체류자로 추방당하지 않기 위해서 필사적으로 몸을 숨겨야 했다.

[14] 비자이 프라샤드, 앞의 책, 254~255쪽.

난민 캠프가 태국 정부에 의해 대대적으로 재편된 후, 제보자 C의 부모는 같은 민족이 생활을 꾸려가는 캠프 안으로 거주지를 옮겼다. 경제활동이 제한된 난민 캠프 안에서 배급되는 식량과 물품만으로 해결할 수 없는 경제적 곤궁은 캠프 내 작물 재배 혹은 캠프 구역 밖의 비무장지대에서 수렵·채취로 충당하거나, 다시 캠프 외부의 농장이나 공장에서 일하고 수익을 얻는 등의 방식으로 해결해야 했다. 생계를 위해 끊임없이 한 사회의 규율이나 법체계, 공간의 제한을 이탈해야 했던 이들은 한국에서도 '이주노동자'로 받아들여졌다.

그간 한국 정부는 제한적인 분야와 인원만을 취업입국자로 허가해왔다. '외국인 고용허가제'의 인력 도입 쿼터에 들지 못하고 입국하여 미등록노동자로 일하는 이들은 '불법'이라는 분류 아래 전문화된 일자리가 아니라 단순노동 직종에서 일하며 가난하고 못사는 나라, 즉 '후진국'에서 낙후된 환경과 굶주림을 피해 한국을 찾은 이들로 여겨지며 경제 수준의 평가를 통해 서열화된다. 사회의 이방인으로서 이주노동자를 저임금노동이나 기피되는 일자리에 배치하면서도, 그 노동력에 의지하게 된 산업구조는 착복하는 임금 수준을 유지하기 위해 전 지구적인 노동무역을 적극적으로 활용한다.

세계화된 노동은 각 지역의 경제발전 상태와 노동력에 매겨진 가치 단차에서 발생하는 차액으로 부가 가치를 창출한다. 이제 세계화의 범위는 지구 전체를 아우르며, 기간도, 국경도, 그 한계도 지니지 않는다. 이제 세계는 더이상 방위나 동서양 따위로 나누어 구분할 수 없게 되었다. 다만 세계는 금융과 정보 기술의 흐름이

전 지구를 실시간으로 흘러다니는 동안, 잘게 나뉜 이러한 공간들의 의미를 이주자들이 지속적으로 국경을 허물며 일으키는 반향들의 충격 아래에서 꿰뚫어 본다. 이처럼 세계화가 마치 하나의 통일된 세계를 이룩한 것처럼 보일 때, 이 현상은 오히려 대륙과 사람, 민족 간의 더욱 심화된 사회·경제·생물학적 차이를 만들어내는 강제적인 상동화로 이해할 수 있다. 더 많은 민족과 종교, 언어 집단이 서로를 침범할수록 우리는 자신의 국가 또는 민족 정체성에 대한 배타적인 애착을 더 많이 확인할 수 있게 된다.[15] 즉 세계화가 만들어내는 어떤 충돌과 와해들로 인해 때로 어떤 집합들은 통제할 수 없는 차이와 오염으로부터 결벽적으로 순수성을 재확인하고, 어떤 형태의 틈입도 허용하지 않게 되는 것이다.

현대의 이산과 이주는 다양한 정치·경제적 층위의 분리로부터 발생한다. 전 세계적 경제체제의 수립과 기술의 발달로 전 지구의 영역 간 거리는 체감상 점점 좁아지고, 가까워지며 때로는 마치 하나인 것처럼 느껴진다. 그러나 단일한 것처럼 보이는 집합들은 수많은 접경에서 충돌한다. 세계화가 가속할수록 더 많은 국경들이 제 나라 밖에서 피난처와 식량을 구하는 이들에게 닫히는 것처럼 보인다.[16] 자기방어적으로 협상의 여지를 닫고 이익을 좇는 집단들은 접점을 경계로 설정하고 이방인들을 주변으로 내몬다. 이런

---

15) Roberto Esposito, *Terms of the Political: Community, Immunity, Biopolitics*, trans. Rhiannon Noel Welch, New York: Fordham University Press, 2013, pp. 131~132.
16) Ibid., p. 133.

상황에서 난민 재정착 사업을 주도하는 UNHCR은 인도주의적 제안을 통해 도덕적 권위를 획득하지만, 난민문제를 인도적 구호 차원과 보편적 휴머니즘으로 규정하며 비정치화하려는 시도는 역으로 난민문제가 극도로 정치적인 주제임을 상기시킨다. 북반구와 남반구로 대별되는 권력관계의 불균형과 국가별 이익과 안전문제, 주권 등에서 비롯하는 국제정치의 역학에서 난민 발생과 정착, 재정착 수요는 동떨어진 문제일 수 없기에, 카렌족 난민의 이산離散과 이주의 경로에는 자본과 제국주의적 견지의 정치가 지속적으로 간섭하고 있다고 할 수 있겠다.

2. 정착 혹은 재정착 과정의 구조

한국이 난민 문제에 대한 제도적 체계를 갖춘 것은 난민협약과 의정서에 가입한 1992년도를 시작으로 한다. 1994년부터 출입국관리법 개정을 통해 난민인정 업무를 시작하였으나, 소극적인 행정으로 2000년까지 한국에서 난민으로 인정된 사례는 한 건도 없었다. 이후 최초의 난민 인정이 2001년에 이루어진 후에는 해마다 난민신청과 심사 건수가 늘어나기 시작했다. 그러나 법제화되지 않은 제도운영으로 인해 난민신청자와 난민들의 처우와 사회적 지위가 불분명해지는 문제가 발생했고, 때로 비호를 요청하며 국내에 입국한 난민들이 제도적 사각지대에서 비인도적인 상황에

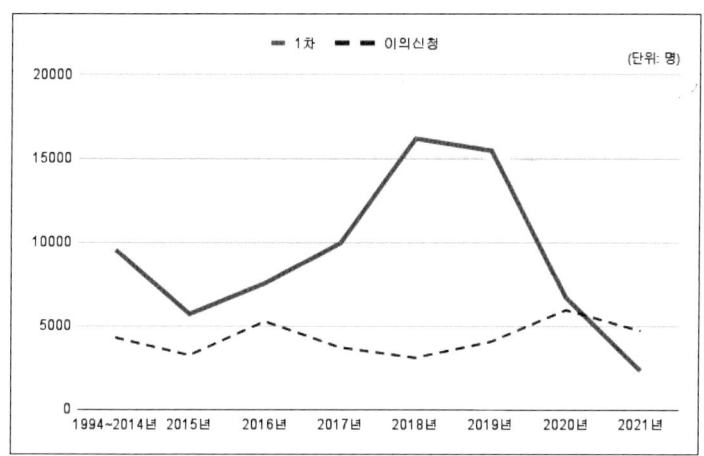

〈그림 1〉 연도별 난민신청자 추이

자료: 『출입국·외국인정책 통계월보 2022년 2월호』, 법무부 출입국·외국인정책본부. 발표된 통계를 기반으로 그래프를 작성함.

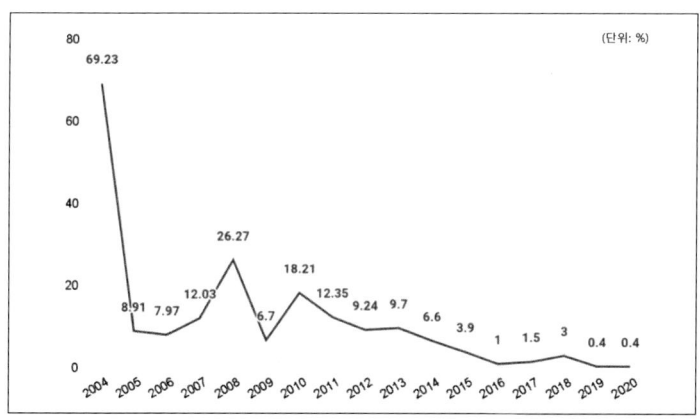

〈그림 2〉 연도별 난민 인정률

자료: 난민인권센터, 〈https://nancen.org/〉(접속일 2022.4.13.). 자료를 기반으로 그래프를 작성함.

놓이기도 했다. 난민 인정 과정 및 처우에 대한 제도적 미흡함에 대한 비판을 받아들여 제정된 난민법이 시행되기 시작한 것은 2013년이다. 법제화가 이전의 논쟁과 불편을 상당히 감소시킨 것은 분명하지만 여전히 해소되지 않은 문제는 있다.

연도별 난민신청자 추이를 나타낸 〈그림 1〉의 그래프를 보면, 2020년부터 코로나바이러스-19 팬데믹 상황이 시작됨에 따라 새롭게 난민신청을 하는 이들의 수가 줄어들었음을 알 수 있다. 한편 난민 인정률은 그와 관계없이 2012년을 기점으로 10% 아래로 내려가며 꾸준한 감소세와 낮은 인정률을 보이는 것이 특징이다. 2010년부터 2020년까지의 난민심사 신청과 지위 인정 사례를 통합하여 살피면 인정률은 1.3%이며, 이는 G20 국가 중 일본을 제외하고 최하위에 속한다. 즉 한국은 난민 심사 요청을 해도 난민 지위를 인정받기 힘든 나라 중 하나이다. 또한, 난민신청을 하기 위해서는 난민 상태에 놓인 외국인이 한국에 입국한 후 난민 인정신청서를 작성하여 공항만에서 난민 인정 신청을 하거나, 출입국관리사무소 또는 출입국관리사무소 출장소에 제출해야 한다. 즉 한국에서 난민이 난민의 지위를 인정받기 위해서는 우선 난민의 신분으로 한국의 국경 안으로 이동할 필요가 있다는 점이 또 다른 난관이다.

그러나 재정착난민 카렌족은 난민 인정심사 통과가 아닌 재정착난민 제도라는 경로를 거쳐 한국에 들어올 수 있었다. 대한민국의 난민법상 재정착희망난민은 대한민국 밖에 있는 난민 중 대한민국에서 정착을 희망하는 외국인으로 규정된다.[17] 다시 말해, 한국국적이 아닌 이가 외국에서 난민신청을 하여 일정 기간 그 국가의 난민 수용시설 등에서 거주하다가 다시 난민 자격으로 한국으로 이주하여 정착하길 원하는 난민을 뜻하는 것이다. 즉, 국내의 재정착 난민은 국외에서 난민 신분에 처한 사람이 한국으로 지역을 특정하고 난민 신청을 하여 이주하게 된 이들이다. 보편적인 형식의 난민 인정 절차와 달리, 한국에서 2015년부터 시행된 제삼국재정착 프로그램은 본래의 국적 국가로 귀환하지 못하거나, 국적 자체를 부여받지 못한 상황에 처했거나, 비호를 요청한 국가에 정착하지 못하는 등 UNHCR이 재정착이 필요하다고 인정하는 기준에 따라 선발된 인원을 제3국으로 이동시키는 절차다. 한국 정부 차원에서 재정착 난민 제도는 수용인원을 예측 가능한 범위 내에서 가감하거나 수용한 난민들의 사회통합 추이를 살피며 향후 운용 방안을 통제할 수 있는 수단이다.

재정착 난민 제도를 통한 이주는 UNHCR이 이미 난민으로 식별·인정한 이들을 대상으로 하여, UNHCR과 수용국의 선정 기준에 맞는 이들로 이주대상을 최종적으로 선발한다. 이 과정에서 한국 정부가 첫 제삼국재정착 난민을 선발함에 있어 기준으로 삼은 요건은 인도주의적 관점 외에도 사회통합과 자립 가능성 등이다. 구체적으로는 "사회문화적 유사성, 의사소통 가능성, 국내 유사집단 유무 및 개인별 건강상태, 가족관계, 국내로의 정착의사" 등이 종합적으로 고려되었다.[18] UNHCR의 재정착 추천 요건과 더불어 한국 정착가능

---

17) 『난민법』 제2조 제5호, 법무부, 2016. 12. 20. 일부개정 및 시행.
18) 송소영, 「한국의 재정착회망난민 도입 방안」, 한국의 재정착난민 도입방안을

성, 외교적 이해관계, 국내의 여론 등을 고려하여 한국 정부가 선정한 난민 집단은 "외모와 성품이 우리와 유사하다고 판단된"[19] 카렌족이었다.

법무부가 재정착 난민의 수용을 UNHCR에 요청하고 제공받은 추천 난민의 명단과 서류를 확인한 후, 재정착 난민의 최종 선발을 위해 심사관이 현지로 파견되었다. 이 과정에서 한국에 귀화하여 거주하고 있던 한 카렌족이 서류확인 및 통역을 맡아 동행하게 되었다. 서류에 기재된 정보의 일관성, 건강상태, 가족 구성 등을 확인하는 면접이 끝난 후 최종적으로 선발된 난민들에게 한국과 IOMInternational Organization for Migration, 국제이주기구이 협력하여 기초문화교육과 이동에 필요한 서류를 제공했다. 이렇게 한국의 제삼국재정착 정책을 통해 입국한 카렌족 난민은 2015년 1기부터 2016년 2기, 2017년 3기까지 총 16가정 86명이다.

이들은 난민 캠프에서 한국으로 이동하기 전 한국에 대한 개괄적인 사전 교육을 받았고, 입국 후에는 본격적인 한국 생활 적응을 위하여 준비된 교육과정을 이수해야 했다. 이 과정은 6개월 동안의 한국어 교육 프로그램과 2개월씩 3단계로 나뉜 총 6개월의 초기적응 한국사회문화 교육 프로그램이 병행되는 것으로 구성되어 있다.

위한 공청회 자료집, 2014(조영희, 「한국의 재정착 난민제도 시행평가 및 발전방향 검토」, 『IOM이민정책연구원 정책보고서』, IOM이민정책연구원, 2017, 15쪽에서 재인용).
19) 조영희, 「한국의 재정착 난민제도 시행평가 및 발전방향 검토」, 『IOM이민정책연구원 정책보고서』, IOM이민정책연구원, 2017, 16쪽.

이 과정에서 재정착 난민들이 이수하는 교육의 내용을 요약하자면 다음의 〈표 1〉과 같이 정리할 수 있다.

〈표 1〉 제삼국재정착 난민의 입국 후 적응교육 과정
※ 자료: 조영희, 「한국의 재정착 난민제도 시행평가 및 발전방향 검토」, 『IOM이민정책연구원 정책보고서』, IOM이민정책연구원, 2017, 18~19쪽의 내용을 토대로 구성.

재정착난민 조기적응 교육 커리큘럼			
정착지원 프로그램		한국어 교육	기간
1단계	▪ 한국사회시스템과 문화 적응에 방점 ▪ 언어교육 병행 ▪ 센터 내부에서 체험 가능한 한국사회 문화교육 실시(예: 젓가락 사용, 분리수거 등) ▪ 체육, 봉사, 취미 활동 등 다양한 특강 진행	인천출입국 관리사무소 소관	2개월
↓			
2단계	▪ 취업교육 강화에 방점 ▪ 한국사회문화, 직업선택과 구직·취업 절차, 근로환경 및 문화 전반에 대한 이해 ▪ 3기부터 구직·취업을 위한 정보접근성을 높이기 위해 정보화 교육을 포함하기 시작		2개월 / 6개월
↓			
3단계	▪ 취업과 지역사회 정착을 위한 단계 ▪ 정착예정지역에 대한 전반적인 이해, 선택 직업군의 용어 숙달 등의 교육으로 편재		2개월

사회적응 교육과정을 거치고 한국사회로 진입한 카렌족 재정착 난민들은 "초기적응 시기를 거쳐 취업을 통한 노동시장으로의 진입이 이루어졌고 학령기 학생들은 정규 교육과정에 편입되고 있다는 점에서 시범사업은 비교적 성공적으로 안착되었다고 평가"[20]되기도 한다. 그러나 한정된 기간 동안 교육 성취의 편차는 개인마다 크게 나타났고, 특히 한국어 프로그램의 교육 대상에 대한 이해 부족과 시간적 한계에 따른 문제가 지적되었다.

머리 어깨 무릎 발 무릎 발, 그 노래 그거 하고 나옵니다. 안녕하세요? 저는 카렌에서, 미얀마에서 온 에클로퍼라고 합니다, 하고. 이제 아기들 머리 어깨 무릎 발. 그게 퇴소식 때 하는 거예요. 난민 캠프에서 사람들이 학교를 다니는 게 아니잖아요. 예를 들어서 이주민 같은 경우는 대학생이 돼서 …(중략)… 돈계산 빠른 엘리트들이 한국에 와가지고. 그럼 한국어를 엄청 빨리 배우겠죠. 왜냐하면 자기는 앉아서 공부한 적이 있으니까. 난민들은 없거든 그런 게. 그러니까 배움이 더디단 말이야.[21]

한국어를 몇 개월 동안 배웠어요. 네. 그리고 외국인들의 학교. 다 한국 사람 없고 다 외국인이 학교였어요. 그때 중학교 1학년 다녔

---

20) 조영희, 앞의 글, 연구요약 및 서론 참조.
21) 박○○(남성, 킨 미니스트리 한국 대표)의 구술(2021년 12월 20일, 박○○ 대표 자택).

어요. 한누리학교. 1년 하다가 한국 학교를 다녔어요. …(중략)… 힘들었어요. 친구랑 사귀는 게 어려워서. 저는 얘기를 잘 안 해서 친구들 별로 없었어요. 얘기를 하고 싶은데 한국어를 그렇게 잘하지 않아서. …(중략)… 우리 캠프에 있을 때 그렇게 안해요. 막 시켜서 그렇게 안 해요.[22]

교육 기회가 한정적인 난민 캠프에서 교과학습에 익숙해지지 못했던 난민들은 특히 한국의 교육방식에 쉽사리 적응하지 못하면서, 교육 기간 완료 후에도 여전히 한국어 소통에 어려움을 겪는 상태로 출입국관리지원센터에서 퇴소했다. 카렌족 난민들은 법무부 출입국·외국인지원센터의 지원과 더불어 지역사회의 시민인권단체와 종교를 매개로 한 네트워크 등을 통한 취업으로 경제적 안정을 구하며 거주지역 적응을 이어갔다.

한국사회에 들어선 카렌족들은 인천 부평에 자리잡았다. 부평이 주거지로 선택된 이유는 출입국관리소가 위치한 인천에서 상대적으로 집값이 저렴하고, 근처에 남동공단이 있어 일자리를 찾기 용이했기 때문이다. 부평역 근처에 위치한 미얀마식 불교 사원 덕에 미얀마 출신의 이주자들이 이미 그 지역에 다수 거주하고 있었다는 점도 이 지역의 장점으로 꼽혔다. 부평역 인근에 이주민들이 집합적으로 거주하는 덕에 미얀마 마트와 태국 마트가 역 가까이에 위치해, 미얀마와 태국 국적의 카렌족 이주노동자들의 일부는 부평에 이미

---

[22] 제보자 C(여성, 19세, 학생)의 구술(2022년 3월 27일, 월드와이드스테이션 카페).

터를 잡고 있었다. 부평은 다른 지역에 비해 카렌족 난민들에게 생활의 편이성과 적응의 용이함이 비교적 보장된 지역이었다. 그러나 이들의 한국사회 진입 과정이 순탄하지만은 않았다.

카렌족 난민들이 새로운 사회로 이주하여 정착을 시도하게 되었다고 해서 난민 캠프에서부터 지속적으로 겪어온 이주민, 이주노동자 등의 분류가 지닌 영향력에서 완전히 벗어날 수는 없었다. 6개월간의 정착지원 프로그램을 이수한 재한 카렌족이 당장 소득을 얻기 위해 근무할 수 있는 일자리와 그 소득 수준은 제한적이었다. 부평에 위치한 공단에서 일하는 노동자들은 대부분 계약직으로, 특히 사회적 지위가 불안정한 외국 국적과 난민 신분의 노동자들은 고용조건과 고용안정성에 있어서도 불리한 상황에 노출되기 쉽다. 이들은 코로나바이러스-19가 미친 여파로 인해 제조업의 경기가 부진해지자 직접적인 경제적 타격을 입었다.

여기 있는 노동자들이 거의 다 계약직이거든요. 계약직인데 코로나 딱 터지니까 자동차 라인이 딱 다 죽어버리면서 GM대우 이 라인부터 해가지고 전부 다 라인이 다 죽으면서 부품 만드는 회사들이 멈췄어요. 한 달에 일주일을 일하는 거야. 아니면 2주를 일하든지. 그냥 월급이 3분의 1토막이 딱 나버렸어. 기본급에다가 플러스 알파가 나오는데 기본급도 안 나오는 거지. 그러니까 카렌 사람들 어떻게 사는 줄 아세요. 3분의 1토막이 딱 됐어 200만 원 받다가 갑자기 80만 원 나오는거야, 70만원. 그러니까 세 가정이 함께 사는 거야. 목사님, 세 가정이 함께 살면 돼요 그러면서. 세 가정이 탁

뭉치니까 원래 5인, 애가 다섯 명이니까 7인 가족이었거든요. 7인 가족 하나랑 4인 가족 하나랑 그 다음에 청년들, 외국인 노동자로 있는 세 명이랑 이래서 함께 살아버려요. 14명이서. 하하. 그럼 되잖아요.[23]

경제적 어려움으로 안정적인 주거환경을 확보하는 것이 어렵게 된 카렌족 재정착 난민들은 새로운 거주방식을 모색했다. 국가에서 난민에게 제공하는 공적 절차와 지원이 마무리되자, 재한 카렌족들은 사적인 조건들과 방식으로 위기에 대응해야 했다. 박○○ 목사는 카렌족 난민들과 이주노동자들이 함께 모여 사는 이 상황이 난민들의 난민 캠프 거주형태와 크게 다르지 않다고 평가했다. 소득이 줄어 빈궁한 상황에서 최후의 수단으로 공동거주를 시도하는 것이 아니라, 카렌족의 경험적 차원에서 해결방안을 찾은 것이기 때문에 이들은 숙식과 생활에서 큰 불편함 없이 생활할 수 있다는 것이다. 하지만 이러한 문제 해결을 위한 사적 통로는 사회구조에서 발생한 불합리에 대응하면서도, 공적·제도적 모순에 문제를 제기할 동력을 약화시킬 위험이 있다.[24]

출입국가 자기들이 여기, 한국어 거기 센터에서 가르치고 끝나면,

---

[23] 박○○(남성, 킨 미니스트리 한국 대표)의 구술(2021년 12월 20일, 박○○ 대표 자택).
[24] 김홍진, 앞의 글, 198쪽.

끝나요. 멘토들이도 자기들 일이 있으니까 그 사람들이 계속 봐줄 수가 없지. …(중략)… 그래서 말하면, 자기들이 무슨 문제 생기면 저한테만 말해요. 와가지고 거기 겨울 되면 히타가 안나와, 히타가 안 따듯해요. 뭐가 안 나와요. 다 우리 남편한테 말해요. 저한테만 얘기하고. 원래 자기가 부동산 얘기하고 부동산 주인한테 말해야 돼. 그렇지만 주인들이도 외국인이니까 조금 거기 안 봐주고 싶어 하는 것도 있어. 그래서 저한테만 말하고 저도 뭐 이렇게 때때로 자기들이 화장실 막히면 가보고, 이렇게 또 뭐들이 고장나고, 그렇게 자기들이 사는 집이가 새 거 아니니까. 조금 오래되니까 뭐가 고장나고 가끔씩 히타가 안 따뜻하고. 그렇게 여러 가지가 계속 안 나와도. 그걸 그냥. …(중략)… 어떨 때는 좀 우리 남편이 이렇게 물 안 나오면 가서 뭐 필요하면 가서 사주고, 사주가 자기들이야 돈 주지만 가서 사야 돼, 또 해줘야 해. 그렇게 하는 집이 열여섯 집 있으니까. 한 집이 아니, 괜찮으면 한 집이 또 그래. 그렇게 하고 있어요. 그래서 조금 어려웠지. 자기들이도 또 우리들한테 말하기가 조금, 그래도 우리들이 자기들이한테 해줘야 하는 거가 저는 아쉬 워요. 우리 남편은 자기도 일 있으니까 이거 일요일밖에 해 줄 수가 없어요. 일요일도 자기는 쉬고 싶어 하지. 말하면 출입국도, 자기들이 난민들이, 데리고 온 난민들이 잘되고 있을 거라고만 생각하고 있어. 원래 들어 와야 돼, 봐야 돼요. 근데 없어. 자기들이 저가 도와주는 것만 알아요. 그렇지만 몰른 체 해요. 자기들이 알아요, 제가 도와주는 것만 알아요. 그렇지만 잘됐구만 생각하고 있어요. 그렇지만 아직까지 6년 됐는데 아직까지 잘 안되고 있어요. 왜냐하면 잘 안되는

거가 무서워하고, 공부도 잘 안되니깐. 안 그래요? 말하기가 힘들었지.[25]

카렌족 난민이 한국에서 얻은 일자리로부터 기대할 수 있는 소득은 "새 거"로 분류되는 주거지를 얻기엔 부족했다. 대신 "조금 오래된" 집에서 삶을 꾸리게 된 이들은 겨울철에 히터가 나오지 않는 것, 수도나 배관이 고장 나는 일 등을 종종 겪게 되었지만, 이런 불편사항을 한국으로 재정착하는 과정에 연계되어 있으며 교육 프로그램을 제공했던 출입국관리사무소나 부동산 주인에게 전달하기보다 자신들의 관계망 안에서 해결하려 노력한다. 그러나 그 결과로 재정착 난민 16가정의 어려움을 한국 생활에 더 밝은 제보자 E와 그의 한국인 남편이 주로 돌보게 되었다. 이 상황은 계속해서 염치를 무릅쓰고 도움을 청할 수밖에 없는 난민들과 연대로 해결할 수 있는 문제의 한계를 인지하면서도 이들의 어려움을 외면할 수 없는 제보자 E의 가정 모두에게 부담이 될 수밖에 없었다. 제보자 E는 재정착 난민이 겪는 생활 전반의 문제가 개인적인 영역으로 이양된 상황에 의문을 표하고 있다. 2015년부터 입국한 재정착 난민들의 정착/재정착 과정이 아직까지 불안정한 양상을 보이고 있음에도, 정작 이들을 한국으로 이주하도록 한 당국의 관심과 지원의 부재가 아쉽다는 의견이다.

살펴본 바와 같이, 카렌 난민들이 한국에 정착 혹은 재정착하는

---

[25] 제보자 E(여성, 64세, 무직)의 구술(2022년 3월 17일, 카페 ROTAM).

일련의 과정은 한국의 난민법 도입과 정부의 난민 정책 구상에서 시작되었다. 20세기 후반부터 난민 상태에 처한 이들의 인도적인 구호가 전 세계적인 의제로 부상한 것에 더해, 현재 난민들이 거주하는 지역에 성공적으로 정착하기 어렵다고 판단될 경우 제3국으로 난민들을 (재)이주·정착시키기까지의 지원에 대한 필요성이 결합해 국제사회가 연합하여 시작한 것이 현재의 난민 제삼국재정착 사업이다. 한국 정부는 2015년부터 재정착 난민 수용 시범사업을 시행하였고, 이에 따라 카렌족 재정착 난민이 한국에 입국하며 발생할 사회문화적 충격을 예방·흡수하려 적응교육 단계의 수립·실행과 입국 후 일정 기간 경제적인 지원 방안 등을 마련했다.

그러나 이렇게 마련된 대응책과 제도적 구성의 틈새를 빠져나오는 카렌족 난민의 일상은 사회 안에 존재하는 '난민'과 '이주노동자' 등의 분류와 겹쳐 언어·생활문화·노동조건·거주·사회관계를 비롯한 다양한 삶의 영역들에서 기존의 질서와 마찰한다. 이 삐걱거림은 이들이 한국사회의 구성원으로 편입되었으나 정착 과정에서 언제나 다른 국적을 지닌 자, 이질적인 문화를 가진 이들로 구분되기 때문이다. 그 결과로 이들은 마찰을 최소화하기 위해 경우에 따라 자신의 발언권을 자발적으로 제한하기도 한다. 한국에서 이들의 삶은 때로 난민이라는 영역으로 가시화되면서 그 외의 분류로 나뉠 때면 또다시 주변부로 밀려나 비가시화되는 생활세계에 겹쳐져 있다고 할 수 있겠다.

3. 공동체의 경계들, 횡단과 배제의 서사

2장에서 살펴본 바와 같이, 카렌족의 민족 관념과 정체성은 전근대부터 이산과 이주를 거듭하며 변형되어 언제나 다시 자리매김한 것으로 생각할 수 있다. 이로부터 한국의 재정착난민 카렌족이 지닌 특수한 성질과 분석 가능한 서사를 밝혀낼 수 있는 발판이 마련된다. 즉 난민으로서 한국사회에 진입한 카렌족을 디아스포라로 규정하고, 이를 오로지 동종 집단 구성원의 산개 혹은 국가 간 경계를 가로지름으로써 국적이라는 관념을 흐리게 만드는 범주화된 도구로서 생각하지 않는 것이다. 이 서사를 사람들이 살아가는 방식, 또 그들이 살아가는 사회에 영향을 미치는 하나의 과정으로 간주할 때 우리는 더 많은 통찰을 얻을 수 있다.[26]

디아스포라로서 난민은 공동체를 넘나들며 그 경계를 드러내기도 한다. 난민은 이미 구성된 경계들 사이를 서성이는 존재로, 한국사회에서 그들은 이주 이전의 사회생태 및 생활권역과 다른 환경에 놓여진 타자이면서, 난민이자 생계를 위한 이주노동자라는 특수한 사회적 위치를 부여받는다. 내부인은 아니되 내부에 자리하게 된 불확실한 상태로 경계들 사이를 넘어오고, 또 그 경계 끝자락에 서 있는 카렌족은 어떤 곳에 정착하면서 동시에 유리되어 있다.

[26] 비린더 S. 칼라·라민더 카우르·존 허트닉, 앞의 책, 60~61쪽. 디아스포라의 문화적 지형에 대한 논의는 같은 책 60~100쪽을 참조할 수 있다.

한국사회의 카렌 난민은 새로운 상태를 구성하게 되는데, 이들은 카렌족이라는 민족적 분류로 인해 국가 없는 자가 되면서, 국가 없는 자이기에 난민 신분으로 한국사회에 진입할 수 있었다는 점에서 범주화의 유동성을 보여준다.

국적을 통한 분류가 아니더라도 재한 카렌족 재정착난민은 경우에 따라 한국사회에서 다양한 범주로 구분된다.[27] 특히 기독교도인 카렌 난민들은 한국에서 종교생활을 하며 마주하게 되는 환경으로부터 몇 가지 경계들을 경험한다. 침례교가 다수인 개신교 카렌 난민들은 현재 부평구의 □□교회에서 종교행사를 진행하고 있다. □□교회에는 한국인 신자들이 참석하는 예배와 영어로 진행되는 소규모 예배 시간이 있으나, 카렌족은 지정된 시간에 카렌족 목사 혹은 전도사와 함께 카렌어로 예배를 진행한다. 교회 행사나 장소 이용 상황에 따라 다르지만, 대개의 경우 카렌족 예배는 한 시간 삼십 분 내외의 시간 동안 독자적인 공간을 활용한다. 그러나 이 공간이 처음부터 수월하게 마련된 것은 아니었다.

> 멀죠, 사실은. 부평역이면 그 근처는 다 좋은데. 근데 그 근처 교회가 전부 다, 거기 부평□□교회라고 막 진짜 이 빌딩보다 더 큰

---

[27] 그 양상은 성별·교육·직업·장애·종교 등 각 개체에게 주어진 상황에 따라 모두 다르므로, 논의의 원활한 전개를 위해 이 연구에서는 서술하는 사례를 몇 가지 경우로 한정한다. 사례의 구성과 수로 인한 한계가 지적될 수 있으나, 본 절의 의도는 재정착난민이 겪어내는 경계의 경험에 대한 세밀한 기술보다, 그 경향성과 의미에 주목하려는 의도를 지니고 있다는 점을 미리 밝힌다.

데가 있는데, 원하지 않더라고. 우리가 계속 전부 다 공문을 다 넣었거든요. 근데 안 되더라고. 우리가 난민을 못 받는다. 교회에 냄새 나고.[28]

박○○ 목사는 선교활동을 통해 태국과 난민 캠프에 거주하는 카렌족들과 직접적인 관계를 맺은 인물이며, 현재는 킨 미니스트리 한국 대표를 맡고 있다. 그는 카렌족이 재정착난민으로 한국에 들어오면서 이들의 한국 정착을 돕고 있다. 그러나 그는 다른 도시의 한 교회에서 목회를 맡고 있어, 재정착난민 카렌족의 거주지 근처까지 일요일마다 찾아오기 어려운 상황이었다. 대신 박○○ 목사는 카렌족이 먼 거리를 이동하지 않고 종교적 모임을 진행할 수 있는 공간을 찾았으나, 거주지 인근에 위치한 대부분의 교회에서 난색을 표했다. 언어적 소통이 어려운 20~30명의 사람과 함께해야 하는 불편함에 더해, '교회에서 냄새가 나게 될 것이다'라며 혐오를 직접적으로 표현하는 언사와 함께 거절하는 경우도 있었다.

결국 재정착난민 카렌 침례교인들은 카렌족 주거 밀집 지역에서 조금 벗어난 곳의 □□교회로부터 교회 시설 이용을 허가받았다. 박○○ 목사는 카렌족이 독자적으로 종교행사를 진행하면서도 교회의 교인들과 어울릴 수 있도록 카렌족에게 □□교회 예배 참여를 독려했다. 그러나 카렌족은 그 과정에서 다시 문제에 부딪혔다.

---

28) 박○○(남성, 킨 미니스트리 한국 대표)의 구술(2021년 12월 20일, 박○○ 대표 자택).

교회에는 특정한 연령 구간으로 유소년을 구분하여 조직하는 부서가 있는데, 카렌족이 그 부서 구성원으로부터 배척당한 것이다.

처음에 □□교회도 우리 아이들이 다 부서로 들어가려 했거든요. 근데 오자마자 다 너 어느 나라에서 왔어. 너 씻고 왔어? 막 이래서. (아이는) 불교 애인데. 교회 처음 나왔는데 그런 소리 들어서 바로, 그냥. 나 내일부터 교회 안 갈래.[29]

'어느 나라에서 왔냐', '씻고 왔냐'는 등의 혐오가 담긴 물음을 마주한 카렌족 유소년은 이후 종교행사에 참석하기를 거부했다. '냄새'가 날 것을 우려하여 공간 이용을 거부당하는 것이나, '씻었느냐'는 물음은 재한 카렌족 집단을 '난민'으로 인식하는 동시에 외관으로 유추되는 출신지의 경제적 발전 수준에 따른 차별의 시각을 내포한 것이다. 이런 기준 앞에서 카렌족은, 난민으로서 국적과 일치하는 국토에 거주하는 이들과 대립쌍으로, 또 경제발전 정도에 따른 문화적 차이를 지닌 존재로 규정된다. 피아식별의 매끄러운 변별선 앞에서 카렌족은 어떤 공동체들로부터 배제되고, 그 순간 견고하게 닫힌 공동체의 외벽과 마주한다.

기존 질서에 합치되지 않는 존재로서 카렌족은 한국 내부에서 행사되는 힘들, 즉 배제와 포섭의 영역과 교섭하게 된다. □□교회의

---

[29] 박○○(남성, 킨 미니스트리 한국 대표)의 구술(2021년 12월 20일, 박○○ 대표 자택).

일부 공간에 카렌족의 예배를 위해 할당된 시간은 1시간 30분 정도로, 그 시간의 앞뒤에는 □□교회의 한국인 신자들이 대다수를 구성하는 중등부와 미얀마 국적자를 위주로 한 영어 예배 진행이 위치한다. 카렌족은 구획된 시간이 보여주듯 한국 내부에 설립된 경계들과 다른 방면에 놓이게 되며, 또 경계들 사이에 놓여있는 상태로 존재한다. 그러나 이것이 서로 다른 특성들이 서로를 구분하고 축출하기도 하지만, 결과적으로 이전과는 다른 상황과 위치 등을 촉발하게 되는 과정이라는 점에 주목할 필요가 있다.

즉 재한 카렌족은 □□교회 안에 그 구성성분으로 '카렌 예배'라는 형식을 새로 만들어내며, 그 과정에서 촉발된 경계의 마주침을 통해 그 범주들을 횡단하거나, 어떤 요소들을 배제하고 혹은 그것들로부터 배제됨으로써 새로운 집합적 경험을 쌓고 일시적이며 유동적인 정체성들을 구성한다. 한국에 거주하지만 한국인으로서 인식되지 않는 것과 같이, □□교회의 구성원이지만 친교가 필요한 교인으로 인식되지 않는 카렌족은 수많은, 때로 중첩되기도 하는 경계들을 경유하거나 사이에 끼인 존재로 무엇이라고 거명하기도 어려운 정체성을 창출한다. 그러나 여전히, 그 집합은 카렌족이라는 이름 아래 묶이며 □□교회 내부에서 수행하는 행위는 전체 의례의 한 구성성분이라는 점에서 어떤 테두리 안에 걸쳐 있다.

그 존재의 위치를 둘러싼 경계들 사이에서, 유동적으로 구성되는 정체성을 지닌 카렌족은 개별 개체가 마주하는 환경과 맺는 관계에 따라 또 각자 다른 양태에 도달한다. 이방인이라는 조건을 지니고 있는 탓에 한국사회에서 대개 어떤 경계 범주의 가장자리에 있는 존재인 카렌족의 주변성은 한국사회의 미세한 틈새를 따라 흐르며 갈라짐을 드러낸다.

> 친구한테 들은 거는, 부모님이 친구가 공부를 잘하면 따라가라고 그렇게 들어가지고, 네, 같이 못 지내고, 애들이 다 공부 잘하는 애를 따라다녀요, 하하. …(중략)… 한국에 와서, 왔는데 애들이. 부모님들이 그렇게 공부를 시켜요. 다 학원, 학원을 많이 다녔더라고요 애들이.[30]

> 무ㅇㅇ, 거기 아들이 두 명이 있어요. 작은, 둘째 아들 지금 제가 영어랑 수학 가르치고 있어요. 초등학교? 토요일이랑 일요일. 한 네 시간, 세 시간 정도? 제가 원래 제 꿈은 선생님인데. 여기 와서 공부를 못하니까 네, 선생님을 안 돼요, 안 돼요, 그래서. 못해요, 저 못해요, 하고 싶어요, 근데. 가르치는 거 좋아해요. 그래서. 아무도 안 시키는데 제가 하고 싶어서 가르쳐 줬어요. 영어는 초등학교 말을 잘해요, 근데 어려운 거는 못해요.[31]

제보자 C는 십 대 초반에 재정착해 현재 6년째 한국에서 생활하고 있다. 한국에 입국한 후, 재학생 중 한국인 부모로부터 태어난 이들이 없는 학교에서 1년간 환경 적응 기간을 마치고 일반 중학교로 전학해 정규 교육과정에 편입했을 때, 그가 느낀 벽은 언어적 한계에

---

30) 제보자 C(여성, 19세, 학생)의 구술(2022년 3월 27일, 월드와이드스테이션 카페).
31) 제보자 C(여성, 19세, 학생)의 구술(2022년 3월 27일, 월드와이드스테이션 카페).

서만 비롯되지는 않았다. 제보자 C는 한국어가 서툰 탓에 또래와 쉽게 대화를 나누기 어려웠다. 그런 그에게는 보호자들이 먼저 나서서 면학 분위기를 주도하는 한국의 교육열도 사뭇 낯선 것이었다. 그와 같은 학급 구성원들은 학교가 마치면 각자 사교육 기관들로 흩어졌고, 보호자들로부터 학업 수준이 우수한 이들과 교제하기를 종용받았다. 이 때문에 한국어 소통이 서툴고 학업 성취도가 낮은 제보자 C는 또래들로부터 친하게 지내길 거절당한 기억이 있었다. 그는 난민 캠프에 거주하던 시절에 교육자가 되길 희망했지만, 한국에서 교육자가 되기 위해서 도달해야 하는 학업 수준과 자격시험이 있다는 사실을 알고 마음을 바꾸어야 했다. 그에게는 자신의 언어적 능력으로 인한 한계와 더불어 난민 캠프 안 교육과정과 다른 한국의 교육과정에 적응하는 문제가 노정되어 있었다. 또한 한국의 교원 임용시험은 한국 국적자만을 수험 대상으로 하고 있으므로, 난민 신분인 그가 한국에서 교육자가 되는 일은 현행 구조 안에서 실현이 불가능한 일이었다.

  물론 어떤 사회의 교육 분위기, 각 개체의 학업 역량은 일반화할 수 있는 것이 아니며 환경 조건, 개인의 가치관과 다른 많은 요인에 따라 다양한 범주로 구성된다. 그러나 제보자 C에게는 제도권 교육이 제공하는 한정적인 시간 안에 언어 역량을 키우는 일과 더불어 각 교육의 과정에서 필요로 하는 수준의 지식 습득이 함께 요구되었다. 인간관계와 선택들에 대한 일부 욕망은 그 한계들과 조건, 전반적인 한국사회의 분위기 사이에서 불온한 것이 되었다. 제보자 C는 대신 다른 관계를 생성했다. 그는 다른 카렌 가정 구성원의 학습을 돕는 일을 자처했다. 이는 자신을 구성하고자 하는 욕구의 능동적 표현이었다. 이전의 조건들에서 형성된 욕망은 다른 조건과 경계들 안에서 재구성되며 변형된 형태로 나타나며, 그것이 담고 있는 의미도 변형되었다. 난민 캠프 안의 교육과정을 졸업하면 교육자가 될 수 있는 환경과 그로부터 기대할 수 있는 소박한 수입은 한국사회에서 그에게 위치 지어진 조건들 사이에서 자신의 존재를 표현할 수 있는 방식으로 대체되었다. 그가 '한국사회'라 인식하며 마주한 현상은 그를 다시 한번 이질적인 것으로 규정하면서, 또 그 환경과 경계들로부터 그 자신이 불가분의 관계에 있는 것으로 재차 존재와 정체성을 불안하게 한다. 그는 경계들을 가로지르는 매차 그 조건들과 교섭하는 이로서 자신을 재범주화한다.

공동체의 경계들을 횡단하는 난민-되기의 사건들은 기존의 존재 상태를 다른 조건들 속에서 다시 펼쳐내는 것이기도 하며, 마주침들을 통해 계속적인 변용을 일으키며 존재를 확장해나가는 것으로 이해할 수 있다. 카렌족은 제삼국재정착이라는 과정을 통해 중층적인 경계를 횡단하며 그 과정적인 특성으로 임시적인 결과들을 거친다. 그 경계 횡단은 사회의 관계망들 안에서 주어진 제약을 가로지르며 주체들의 존재 조건을 확보해가는 과정으로 해석할 수 있다. 과거의 역사적 사건과 같은 어떤 특정한 계기들을 경유하며 이전과 다른 존재로서 변환의 과정적 결과, 다시 말해 경계 횡단의 파생적 결과물인 공동체성을 지닌 카렌족은, 제한된 신분으로 한국에 자리잡게 되었으나 문화와 관계망 등의 영역에서 다시 극단으로 밀려난다.

민족이라는 정체성 즉 '카렌'이라는 정체성은 끊임없는 의미화 과정 속에서 변화와 생성을 통해 재차 정립되는 것으로 이해할 수 있다. 미얀마의 독립 과정에서 민족 단위로 발생한 분규 끝에 이산한 카렌족의 상황은 이들의 정체성의 다른 한 축이 되었다. 서로 다른 민족 정체성과 정치적 견해는 양자 간 타협에 도달하거나 갈등을 해소하지 못한 채, 다양한 정도의 압력 아래 카렌족 구성원들이 난민 상태에 다다르게 했다. 생계와 생존을 위해 어떤 사회의 규율이나 국경들로부터 탈주해야 했던 이들은 이동하는 공간마다 '외부인'의 지위를 부여받는다. 이때 적용되는 억압이나 제한, 포섭이나 회유의 수준은 달라지지만, 공통적으로 사회의 이방인으로서 카렌족은 기존의 집단과 다른 이들로 정의되었다. 외부인으로서 이주자들이 국경과 경계를 허물며 발생시키는 의문과 충격은 바로 이 내부와 외부의 구분으로부터 발생한다.

한국 정부는 시범적으로 운용한 재정착 난민 제도의 대상을 카렌족으로 특정했다. 한국 정부는 카렌족의 이주 계획을 수립하는 과정에서 한국사회에 카렌 난민들이 유입되었을 때 발생할 사회적·문화적 혼란에 대비하기 위하여 재정착 난민의 조기적응 교육 프로그램을 구성했다. 이를 통해 한국사회에 진입한 카렌족이 차츰 노동시장과 교육과정에 편입되면서 시범사업은 성공적으로 자리잡았다는 평가를 얻기도 하지만, 교육 프로그램의 구성이 난민 캠프에서 생활하던 이들의 생활방식을 이해하지 못한 채 짜여있다는 점이 지적되기도 한다. 카렌족 난민의 생활세계는 정부의 사전 진단과 제도적 구성에 모두 포함되지 못한 채 틈새를 빠져나온다. 이런 카렌족 난민의 존재는 때로 '난민', '이주노동자' 등의 가시적인 범주로 구분되지만, 그 외의 삶의 영역에서 비가시 영역으로 밀려난다. 어떤 구분으로 포착되지 못한 이들의 삶은 애매한 경계영역에서 기존의 범주를 흩뜨린다.

결과적으로 재한 카렌족은 한국사회의 내부자이면서 동시에 외부자의 위치를 갖는다. 이들은 한국사회를 구성하면서도 때에 따라 '외부인'으로 호명되고, 언제든 포섭가능한 이들로 여겨지면서도 언제든 구분가능한 집단으로 분류된다. 한국 내부에서 행사되는 힘들과 교섭하며, 또 중첩하고 조율하면서 그 내부의 영역과 다른 경계들로 이루어지는 이들의 삶의 양태는 배제와 횡단의 서사에서 파생된 결과이다. 이는 그 자체로 현재의 존재 조건을 현현하는 것이면서, 경계의 안과 밖, 그리고 사이에 끼어있는 것들을 드러낸다. 되기의 경로 짜임과 과정적 결과물로서 변용되는 중에 있는 것, 수많은 양태들 사이를 지나는 순간들의 집합으로서 난민-공동체-되기는 그간 사회에서 드러나지 않았던 경계를 내보이는 활동이다.

난민-공동체-되기가 나타내는 경계는 평소에 쉽게 인지되지 않는 사회의 구조, 즉 사람들을 구분하고 범주들로 분리하는 양식을 드러낸다. 그러나 사회의 구조로 짜인 관계와는 다른 결속이 개별 존재들 간을 이어주기도 한다. 이는 난민-공동체-되기에서 때로 관찰할 수 있는 현상이었다. 이 현상의 의미를 밝히고 이해하기 위해, 다음 4장에서는 경계 횡단의 과정을 일정한 흐름을 지닌 사회극으로 분석하고, 난민-되기의 의례 구조와 그 정치적 함의에 대해 논의한다.

4

'난민-되기'의 의례와
반反구조의 정치적 함의

앞선 장에서 살펴보았듯 카렌이라는 정체성은 변이하는 것이므로 언제나 필연적으로 다른 상태를 잠재하면서 과정적이고 임시적인 결과로 나타난다. 정체성의 변이를 겪는 이들의 삶의 양태 역시 경계 횡단과 배제의 경험을 축적하며, 또 마주하는 힘들과 교섭하며 변형되는 것으로 이해할 수 있다. '난민-되기'는 관계의 확산을 통해 이러한 정체성을 (재)배치하며 생산하는 과정이다. 이때, 한국을 경유하면서 파생되는 난민-되기의 과정들은 그 이전과 이후 속에서 의례화의 구조적 특성을 공식화하고 있으며, 의례ritual를 필수적으로 수반한다고 판단된다. 그 이유는 '난민-되기'의 과정에서 일시적transportive이거나 영속적transformative인 변이가 관찰됨과 더불어, 일정한 단계나 상태, 즉 분리-전이-통합이 어떤 계기들로 접합되거나 분산·유예되는 일련의 흐름을 공식화하는 의례의 과정이 포착되기 때문이다.

이를 분석하기 위해 참조할 수 있는 이론은 빅터 터너의 사회극 social drama 개념이다. 사회극은 갈등 상황에서 생겨나는 무조화적 aharmonic 또는 반조화적disharmonic 과정의 단위로, 위반breach-위기 crisis-교정redressive action-재통합reintegration이라는 네 개의 행위 국면으로 구성된다.[1] 사회극이라는 연구 틀은, 특히 정치적 상황과 사회 관계의 역동성을 분석하기에 적절하며, 난민-되기 중에 나타나는 체제의 반反구조와 행위 주체의 욕망을 포착하려는 시도에 유용하다. 따라서 이번 장에서는 빅터 터너가 제시한 행위 국면의 구분을 이용하여 난민-되기의 과정을 '사회 과정에서 이루어지는 특정 행위 주체들의 공적 연행public performance', 즉 사회극으로 파악하고, 난민-되기와 결부된 그 의례 구조의 의미를 중심으로 이것이 함의하는 정치성과 전이의 국면에서 부상하는 반反구조가 나타내는 대안성을 살핀다.

1. '난민-되기'의 의례 구조와 기능적 함의

'난민-되기'의 사회극은 여러 관계의 사회적 규모들과 변화, 그로 인한 집단들의 사회적인 위치의 변화를 촉발한다. 앞서 살펴본

---

[1] 빅터 터너, 강대훈 옮김, 『인간 사회와 상징 행위』, 황소걸음, 2018, 46~52쪽.

바 있듯이, 유동적인 정체성들을 역사적으로 담지해온 카렌족이 그 공동체의 이산과 함께 난민으로 되는 과정은 단일한 의례화로 묘사할 수 없으며 언제나 다발적인 것이다. 따라서 난민-되기의 사회극은 적어도 두 가지 경로, 즉 한국을 경계로 한 외부와 내부의 경로 속에서 연행된다. 이를 크게 '난민 캠프의 사회극'과 '한국 카렌족의 사회극'으로 나누어 검토하고자 한다.

1) '난민 캠프의 사회극'의 구조와 기능

(1) 난민 캠프의 발생 과정과 난민의 탄생

사회극의 진행이 시작되었다는 것을 알리는 형식 구성은 사회에서 유지되던 관계가 파기되는 상태, 즉 갈등이 관찰 가능한 형태로 표현되는 위반의 국면이다. 위반의 국면은 특정한 사회관계 체계의 규범적 질서와 관계가 깨어지는 것으로 나타난다.[2] 갈등하는 세력들이 분기하여 갈라진 힘이 이 질서와 관계를 파기한다. 이는 하나의 국가인 미얀마에서 '국민'으로 호명된 사람들 간의 갈등이 민족이라는 경계에서 터져 나오며, 이들이 더는 동일 선상에 놓인 국민이 아니라는 인식을 내재하기 시작한 시점과 연관 지어 볼 수 있다.

기독교 스고카렌족이 주축이 된 카렌민족연합Karen National Association, KNA은 19세기 말에 발족했다. 이 단체는 식민국으로부터 유입된 근대화와 민족의식 관념에 기반하여 사회·경제적 발전과 카렌족

---

2) 위의 책, 46~47쪽.

정체성의 증진을 추구했다. 특히 식민국에 맞서 버마족 민족주의가 투쟁의 중심으로 부흥하기 시작하면서, 카렌 민족주의자들은 그에 맞추어 정치적 활동을 전개하며 버마족으로부터 민족 분리와 카렌주의 독립을 주장했다.

위반 단계에서 원활히 수습되지 못한 갈등은 점점 고조된다. 터너는 위기의 국면을 변화와 위험, 미결정의 순간으로, 사회과정의 더 안정적인 국면 사이의 경계threshold에 해당하는 것으로 파악한다.[3] 어느 한 편으로 통합되지 못한 민족과 정치 단위 간의 갈등은 점점 증폭되며 자리잡힌 사회체계와 안정된 것으로 여겨지는 사회적 상황들의 취약성을 드러내는 한편, 국가의 분열에 이르는 위기의 심화를 불러일으켰다. 점증하는 위기 속에서 회복되지 못한 갈등은 미얀마 정부와 대립한 카렌군의 게릴라 전투로 대표되는 위기로 확장되어 점점 사회적 삶의 중심부를 위협한다.

이 과정에서 카렌족이 미얀마의 국경에서 준국가체제를 운영하였던 것 또한 기존 체제의 변혁이라는 대안으로서 시도된 교정 메커니즘의 일환으로 해석할 수 있다. 터너에 따르면 교정은 이도 저도 아닌 것, 전이적인 것의 특성을 갖추기 때문에 교정의 단계에서는 위기를 구성하고 그것을 불러온 사건에 대해 어느 정도의 거리를 견지하면서 대응할 수 있게 된다.[4] 사회극의 세 번째 국면인 교정 단계에서는 위기의 확산을 막기 위해 사회 체계 안의 지도자나

3) 위의 책, 48쪽.
4) 위의 책, 51쪽.

권위를 가진 이들이 나서 교정 메커니즘을 작동시키는데, 난민 캠프의 발생 과정과 난민의 탄생에 관여하는 사회극에서는 일정 영토를 점령하고 국가시스템을 작동시켜 카렌정부와 군대를 구성한 지휘체계의 수립이 바로 이 메커니즘에 해당하는 것으로 보여진다.

그러나 국가의 분열과 양립은 미얀마 국가체제가 수용할 수 없는 것이었고, 카렌족의 준국가체제는 미얀마와 전투 끝에 와해되었다. 점증하는 위기에 대응하며 교정 메커니즘으로 시도된 카렌족의 준국가체제는 고조되는 위기를 해결하는 것에 실패하고 분열하였으며, 전쟁과 억압과 같은 폭력적 행위들이 만연하게 되었다. 미얀마에서 내전의 형태로 발생하는 군부와 카렌군의 전투는 이 분열을 명증하는 것이면서, 그 승패에 따라 갈등과 위기, 분열을 일단락한다. 이 내전은 일시적이고 산발적·부분적인 갈등의 수습이 발생하는 것으로 해석할 수 있는 동시에 "갈등하는 당사자들의 분열이 도저히 회복될 수 없는 것임을 사회적으로 인정·합법화"[5]하는 재통합의 국면을 함축한다. 결국 이 사회극의 과정을 통해 국가와 분리된 국가 없는 자로서 카렌 난민이 발생하게 된다. 이때 난민 캠프는, 갈등하는 세력들이 공멸할 수도 있는 소모적이고 회복 불가능한 극한의 상황 속에서 공식화된 희생양 메커니즘의 결과로 등장하는 장소이며, 이 분열을 지속적으로 드러내는 공간이다.

---

5) 위의 책, 51~52쪽.

(2) 난민 캠프의 사회극, 그 과정과 의미

난민 캠프의 발생 과정을 사회극의 단계를 따라 파악할 때, 난민 캠프는 민족 간, 그리고 국가권력의 힘의 관계를 표현하는 무대가 된다. 따라서 의례적·종교적·정치적 공간이기도 한, 이 난민 캠프의 무대 안에 갈등하는 세력들이 존재한다. 그러나 난민 캠프의 발생 과정에서 위반과 위기, 교정과 재통합의 흐름을 기술된 역사적 사건을 통해 살필 수 있었던 것과 달리, 이 갈등은 일상적 공간 안에서 개인 또는 집단들의 서사로 나타난다. 따라서 난민 캠프의 사회극 국면들은 역사적 사건의 과정적 구조로 도해할 수 없으며, 오히려 개인들의 기억 속에 내재된 사회극적 서사의 재구를 통해 드러날 수 있다. 집단적 사건 속에 참여하였던 개인의 기억 구술은 그 자신의 경험을 역사적 시간 속에서 기억했다가 다시 공식화한다는 측면에서 재현이지만, 현재의 시간에서 발화하는 행위를 통해 펼쳐지는 재구된 기억은 서사 텍스트로서 특수성을 획득하고 기술과 분석 가능한 것이 된다.

우리가 사는 곳에는 전쟁이 많이 있어요. 그, 평화가 있는 자리가 아니야. 그리고 경제도 좋지 않아서 사람들이 그냥 여기저기 그냥 살고 돌아다니는 게 많아요. 저도 그렇게 우리 고향에서 사는 거 힘드니까 난민 캠프에서 들어와서, 그때부터 신학교 다니고. …(중략)… 미얀마는 제가 대학교 졸업 때까지 살다가 예, 그 난민 캠프 들어왔어요. 왜냐하면 제가 대학생 때도 정치 운동 또 이렇게도 좀 해본 적이 있고. 마약, 약간, 마약 같은 것도 좀 그렇게 해본 적이 있으니까

조금 안전하지 못해서 졸업하자마자 난민 캠프에 들어갔어요. 왜냐하면 경찰들이 잡히기 전에.[6]

제가 학생일 때는 정부한테는 데모, 데모 하는 거. 왜냐면 그분들이 안 좋으니까. …(중략)… 거의 18년 정도 됐을 것 같은데. …(중략)… 왜냐면 지금은, 지금도 아니고 원래 30년 전에도 이거는 그 군부가 세웠던 정부에요. 그것 때문에 민주주의라고 부를 수 없는 나라에서 사니까, 우리가 반대를 해야죠. 사람들이 인권 없고, 계속 그 군부 밑에서 사니까 얼마나 힘들어요. 지금까지도, 똑같아요. 쿠데타가 나왔잖아요.[7]

난민 캠프를 배경으로 삼는 그 서사 구조와 의미의 논의는, 난민 캠프 이전, 난민 캠프, 난민 캠프 이후로 나누어 내용을 살필 수 있다. 제보자 S는 미얀마에서 대학을 졸업한 후 난민 캠프로 이주했다. 그 극적 구조에서 위반의 과정은 국가 미얀마의 군부 독재에 대항해 전개된 민주화 운동으로 파악된다. 정치적 견해를 둘러싸고 대립하는 세력들은 사회에 뚜렷한 갈등의 골을 냈다. 군부 정권과 그에 순응하는 세력과 대립하며 시위를 통해 반대 의사를 표명하는 것을 비롯해 정치적 활동을 이어간 제보자 S는 항상 경찰에게 주시받고 있었다. 그러다 생계를 위해 허가받지

---

[6] 제보자 S(남성, 36세, 선교사)의 구술(2022년 5월 15일, 제보자 S의 자택).
[7] 제보자 S(남성, 36세, 선교사)의 구술(2022년 5월 15일, 제보자 S의 자택).

못한 약물을 유통한 것을 계기로 추적의 대상이 되었다. 사회구조에 통합되지 못하는 존재로서 제보자 S는 점증하는 위기의 국면에서 교정의 국면으로 들어서게 된다.

> 왜냐하면 1988년에서 지금 2021년처럼 쿠데타가 됐었어요. 쿠데타. 그 때는 제 언니가, 아니 그러니까 누나가, 누나 그리고 형 두 명. 세 명은 (난민 캠프로) 도망갔었어요. 그쪽에서, 그분들이 그쪽에서 원래 15년 넘게 살아 있었어요. 그것 때문에 저한테 오라고 하셨습니다. 저도 여기에서 정치와 운동하니까. 그것 때문에 저한테 뭐 얼마나 그 지도자들한테는 잘 알고 저한테는 보호도 해줘라, 그렇게 하셨습니다. 이제 원래 KKBBSC 교장 선생님 아내와 누나는 친해요. 그거 때문에, 그것 때문에 제가 그분들의 연락을 받고 메솟에서 난민 캠프로 들어왔습니다.[8]

제보자 S의 형제들은 1988년의 민주화 운동에 참여하였고, 당시 시위대에게 가해진 탄압을 피해 난민 캠프로 이주하여 생활하고 있었다. 이들은 제보자 S의 정치적 활동과 경찰에게 쫓기는 상황을 난민 캠프의 지도자적 존재들에게 알리고 그의 신변보호를 요청했다. 캠프 안 조력자들의 도움을 받아 제보자 S는 국경을 넘어 난민 캠프에 들어가게 되었고, 다른 사회체계에 소속되며 미얀마의 군부 정권으로부터 구성된 위기에서 분리되었다. 제보자 S에게 난민-되

---

[8] 제보자 S(남성, 36세, 선교사)의 구술(2022년 5월 15일, 제보자 S의 자택).

기는 사회적 위반과 갈등, 위기와 교정, 분열적 과정을 경유하여 그 존재와 정체성이 변화하는 국면들로 전개되었다. 이때 난민 캠프는 제보자 S에게 사회극의 의례적 과정, 즉 변이를 수반하는 과정이 불러오는 특정한 상태와 조건들을 표현하는 장소이면서, 또 다른 위반을 내재한 불안정한 국면이 함축된 곳이다.

한편, 난민 캠프에서 출생한 제보자 N은 난민 캠프 안의 상황으로 인해 캠프 바깥으로 탈주했다. 제보자 N의 부모는 미얀마의 내전을 피해 난민 캠프로 이주하였으나, 그의 부친은 그가 열 살이 채 되기 전 사망했다. 난민 캠프의 혼란한 정세와 미비한 의료 시설, 부족한 자원은 일상을 불안정하게 만드는 것이었다. 재혼을 통해 가족이 된 제보자 N의 새로운 부친은 폭력을 휘두르기 일쑤였으며, 가정불화와 가난은 제보자 N이 난민 캠프를 벗어나 카렌군에 입대한 원인이 되었다.

난민 캠프의 서사들은 난민 캠프를 발생시킨, 한 과정적 구조를 가진 사회극의 일단락을 통해 추동된 사회구조에서 계속되는 의례적 행위이며, 그 구체화는 정치적 행위들로 나타난다. 난민캠프의 사회극은 불안정하고 모순이 집적된 난민 캠프의 사회구조에서 살아감으로써 필연적으로 겪을 수밖에 없는 것이다. 어떤 존재를 핍박할 수 있는 소수자로 구분하고 적대하는 것으로 갈등을 진정시키는 희생양 메커니즘으로 추동되어, 존재 자체만으로 위반과 갈등을 예시하는 물리적 경계와 존재 상태의 구분이 일상인 난민 캠프에서, 제보자 N이 탈출·이동하게 된 원인들은 난민 캠프로 강제된 사회구조가 지닌 모순의 구체적 표현으로 볼 수 있다. 필연적인 이 사회극은 난민이라는 집합적 존재의 사회극으로 접근될 수 있으며, 제보자 N은 그 집단의 서사를 체화한 존재로 여길 수 있다. 이때 위기는 난민 캠프를 구성하는 사회·경제적 상황들의 취약함으로부터, 또 통합되지 못하는 정치적 견해들로부터 증폭되고 심화된다. 무시할 수 없는 이 위기의 확산을 막기 위해 작동해야 할 교정 메커니즘은 대개 위기를 해결하는 근본적인 대안보다는 갈등 상황을 일시적으로 분리하거나 봉합하는 식으로 유형화되며, 의례의 과정적 국면은 위기 상태로 회귀하거나 재통합 이후 또 다른 위반을 함축하는 경향을 보인다.

2) '한국 카렌족의 사회극'의 구조와 기능

'한국 카렌족의 사회극'은 그 시간적 특성에 따라 난민 캠프의 사회극이 일단락되고, 그 연장 속에서 분기하는 사회극이라고 규정할 수 있다. 즉, 이 항에서 분석하는 사회극은 카렌족이 한국이라는 국가, 한민족이라는 정체성의 경계지대에 진입하며 발생·전개되는 의례화 과정이라고 규정할 수 있다. 이 사례는 상술한 제보자 N의 사회극과 같은 성격을 지니면서, 그 경로는 한국으로 구성되어 달라진다. 따라서 본문에서 예시하고 있는 사례들은 파편적이지만 집단의 서사를 체화한 존재들이 풀어내는 경험이며, 이것은 사회극의 구조와 연동하여 그 구성을 일부 예시하는 것으로서 서술되고 있다.

(1) 난민 캠프에서 한국으로 유동하는 사회극

난민 캠프에서 벗어나 제삼국재정착난민으로서 한국에 자리잡는 한국 카렌족의 경로에서 관찰할 수 있는 사회극은 한국을 경유하기 때문에 한국을 경계로 한 여러 사회 단위들이 개입된 양상을 보이는 특징이 있다. 특히 '국민'이 아닌 사람이 국가에 틈입할 때 기존 구조의 압력과 대립은 사회적 위기로서 작동하므로, 재정착난민을 수용하는 한국 국가 구조의 권위를 지니거나 이양받은 집단들이 상황에 적극적으로 개입하는 양상을 보인다.

난민 캠프는 그 자체로서 분열을 가시화하는 무대이며, 캠프 안에서 계속되는 위반과 위기는 구성원의 이산으로 이어진다. 태국에 위치한 난민 캠프들은 한정적인 공간과 경제 수준을 지니고 있다. 난민 발생의 원인이 장기지속되는 정치적 고착 상황, 캠프 안 출생인구과 유입인구의 증가와 자원의 분배 같은 문제는 난민 캠프의 체계와 규범적 질서를 언제나 불안정한 상황에 놓이게 한다. 인구의 조정과 난민들의 상황 안정을 위해 UNHCR과 같은 기구는 인도주의적인 차원에서 제3국으로 이들이 이주·재정착할 수 있는 경로를 마련했다. 이는 안정화되거나 수습되지 않는 위기의 확산을 진정시키기 위해 범세계적 단체가 제3의 국가 시스템과 연계하여 작동한 교정적 메커니즘으로 해석할 수 있다.

이 단계에서 한국 정부가 계획한 재정착난민의 수용은 국내외 협의체들을 통해 심의되었다. 한국으로 재정착을 희망하는 희망자 명단을 접수하고, 서류와 면접 심사를 거치는 선발 과정은 UNHCR과 IOM같은 국제기구와 협조하여 이루어졌다. 가족 구성과 질병 상태

등을 확인하는 심사의 끝에 선정된 인원은 일련의 준비 과정과 기간을 거친 후 난민 자격으로 한국에 입국하게 되었다. 이주 대상들이 한국에 입국하는 것으로 재통합의 국면이 완료되며 사회극은 일단락된다. 이것을 통해 난민 캠프의 사회극은 제삼국재정착이라는 제도를 경유하여 주체들의 분리-전이-통합을 수반·함축하는 이주의 형태로 한국으로 설정된 경로를 통해 분기하며, 그 배경은 한국까지 확대된다. 사회극이 그와 연관된 여러 관계의 사회적 변화와 집단들의 사회적 위치를 변화시키듯이, 난민 캠프에서 한국으로 유동하는 '난민-되기'의 사회극은 이제 한국 내부에서 변화를 촉발할 수 있게 되었다.

(2) 한국의 경계지대 속에서 혹은 그 변경에서 유동하는 사회극

그러나 난민 캠프에서 한국으로 유동하는 이 사회극이 성립시키는 재통합은 일시적인 것이다. 한국사회에 들어선 카렌족은 그 자체로 또 다른 위반의 상황을 발생시킨다. 기존의 사회관계 체제에 존재하지 않던 집단의 이주는 정례적인 사회관계를 흩뜨리고 이미 존재하고 있는 규범에 의문을 던진다. 한국 정부는 예정된 이주 시기 전에 재정착 대상자들에게 한국문화를 접하게 하고, 정착지원 프로그램의 일환으로 한국어와 사회적응교육을 제공해 사회적 충격의 강도를 완화하지만, 난민 캠프의 사회극에서 형성된 난민 캠프가 분열이 가시화된 무대였던 것처럼, 국내에 유입된 난민들은 때마다 관계성에 의해 특화되는 전환을 나타내며 그 자체로 새로운 역동을 일어나게 한다.

3장에서 예시로 든 기독교도 카렌 난민들의 종교의례 진행 공간을 찾기 위한 과정을 다시 살펴보려 한다. 종교 모임을 위한 공간을 찾는 과정은 잠재해있었거나 비식별 영역에 있던 갈등을 부상시켰다. 이 사회극의 발단은 한민족 또는 단일문화 이데올로기가 지배적인 한국사회의 규범적 질서와 관계가, 타민족이자 난민이라는 존재에 의해 깨어지며 구성되었다. 위반과 위기의 상황에서 청결을 문제 삼거나 치안을 우려하며 이어지는 공간 대여 거절은 타민족과 난민에게 전제되는 인식을 표현하는 것이었다. 이런 유형의 갈등 표현은 다른 일상적 공간에서도 쉽게 접할 수 있었다.

> 래핑 회사라고 그래요, 그거는. 인테리어 공사하시는 그거. 우리 스티커를 붙이는 일이에요. 그거는 기술이에요. 생각도 많이 해야 하고 세팅도 많이 해야 하니까. …(중략)… 너무 힘들었고. 여기에서는 욕도 많이 먹고 너무 핍박도 많이 받았었어요.[9]

일터에서 업무상의 지적 외에 감수해야 하는 '핍박'은 한국이라는 사회 관념과 한국인이라는 정체성의 경계 언저리를 기웃거리며 기존의 사회질서와 규범을 깨는 집단을 향해 가해지는 압박이다. 인테리어필름 래핑 작업을 하는 회사에서 일하던 제보자 S는 그 자신이 한국인이 아니기 때문에 겪어야 했던 경험들을 괴롭지만 그가 처한 조건들 속에서 발생할 수도 있는 것이라 생각했다. 이때

---

[9] 제보자 S(남성, 36세, 선교사)의 구술(2022년 5월 15일, 제보자 S의 자택).

그가 처한 조건이란 한국 사회에 설정된 사회규범 패턴이 성립시키는 구조에서 변화를 일으키고 모순을 표출하는 그와 난민 집단의 구분과 현존 그 자체이다. 서로가 인식하는 차이를 내면화하는 집단들은 존재하는 것으로 사회에서 끊임없이 갈등을 발생시키고 또 고조시킨다. 이에 따라 발생하는 균열은 변화와 위험의 순간에서, 증가하는 위험에 따라 점점 무시하기 어려운 것이 된다.

한국의 한 개신교 소집단에서 카렌족 유소년이 인종차별적 혐오와 함께 배제된 현상은 사회극의 위기 국면을 명확하게 표현한다. 해결을 요구하는 위기 상황으로 인해 카렌어로 진행되는 예배 시간을 마련하고 기존의 교회 시스템과 집단으로부터 구성원을 분리하는 방법 등이 시도되었다. 발생했던 갈등을 가라앉히고 내부적 혼란을 추스를 수 있는 이 방식은 기존에 존재하지 않았던 의례 형식을 창조하는 것으로 대안을 갖추는 교정 메커니즘이다. 이 분열의 형식은 집단들에게 수용되었고, 부상한 모순은 일시적으로나마 봉합되거나 감춰진다.

2장에서 예시로 들었던 선한 사마리아인의 설교 역시 종교적 선악구도 속에서 현실의 문제와 갈등이 논의되며 갈등을 일시적으로 봉합하는 역할을 맡는다.[10] 사마리아인들이 받아야 했던 박해에도 불구하고 선을 행하여 진실된 이웃이 된 자에 대한 묘사는 예배 참석자에게 오랜 기간 이어진 버마와 카렌의 종족 간 갈등과 한국에서 카렌 난민이 겪는 차별을 감내하고 기독교적 선을 실천하길

---

10) 본문 35쪽을 참조.

촉구한다. 이로써 이들의 의식은 박해의 근원적인 고찰과 모순의 해결보다는 하나의 공통된 의지, 하나님의 나라 혹은 꼬뮬레에 대한 소망으로 향하며 기존의 체제와 이데올로기 재생산으로 봉합되어 간다.

그러나 한국 사회에서 발생하는 '난민-되기'의 사회극은 어떤 분리된 집단의 존재 자체를 정례적 사회관계를 파기하는 것으로 여기는 것에서 기인하므로, 그 근원적 모순이 수습되지 않는다면 지속적인 규범의 무시로 분쟁이 증대하거나 세력 집단 간의 충돌이 이어질 것으로 예상해볼 수 있을 것이다.

2. 사회극적 장치로서 '난민-되기'의 정치성

난민-되기의 사회극은 재통합으로 귀결되어 사법적 · 비공식적 과정을 통해 어떤 분열을 봉합하거나 그 분열을 인정하는 것으로 안정을 되찾는다. 그러나 그 과정에서 나타난 사회구조와 관계에 던져진 물음은 여전히 잠재된 것으로서 다시 하나의 우발적 위반의 계기로 작동할 가능성을 지니고 있다. 따라서 '난민-되기'의 과정은 그것이 가시적이든, 잠재적이든 항상 갈등을 필수적으로 수반한다고 볼 수 있다. 이런 '난민-되기'의 과정에서 공통적으로 관찰되는 현상은 난민의 타자화이다. 난민은 타자화됨으로써 사회적 갈등을 유발하거나 해소하며 다른 갈등을 무마시키거나, 흩어진 관계를 사회중심으로 응집되는 내부적 압력을 작동시키는 것에 이용된다. 위반의 존재로서 사회적 갈등이 촉발되기 시작할 때, 카렌족은 규범적 사회관계의 파기 안에서 사회적 소수 집단으로 분류되었다.

이를 통해 '난민-되기'는 그 자체로 사회극이지만 또 다른 사회극적 장치로서 기능한다. 바로 재통합의 국면을 통해 사회구조에 속한 존재로 위치되면서도, 내부의 경계들 사이에 놓인 존재로서 지속적인 위반과 위기의 계기로 난민이 호명되는 것이다. 국가 내 소수종족, 박해받아 국가 없는 상태에 처한 자, 난민으로서 영주권을 인정받은 자, 국경을 넘어 이주한 지역에서 노동하는 자 등 어떤 범주에서도 난민은 변별점을 지닌 존재로서 항상 더 큰 대립항을 지니는 소수적인 위치를 차지한다.

이질적이며 사회의 위반과 위기를 불러오는 존재로서 난민은 사회구조의 갈라진 틈에, 또 주변부에 자리한다. 이런 특징은 난민이 희생제의의 희생양으로 선택될 수 있는 잠재성을 보유한다. 왜냐하면 희생양은 폭력을 당하더라도 복수할 가능성과 보복할 능력이 없는 자들, 즉 구별되고 배제된 자들이 주로 선택되기 때문이다.[11] 희생양 메커니즘은 폭력적 성향의 집단적 전이현상으로, 구분된 소수자에게 적의를 돌려 어떤 공동체 와해의 위기에서 그 내부적 갈등을 진정시키는 기능을 지니고 있다. 즉 난민은 갈등의 서사구조 성립을 위한 안타고니스트Antagonist이자 희생제의의 희생양으로서

---

11) 이종원,「희생양 메커니즘과 폭력의 윤리적 문제」,『철학탐구』 40, 중앙대학교 중앙철학연구소, 2015, 287쪽.

규정되어 사회 내부의 적대를 흐리게 만들거나, 균열된 사회적 적대의 지형을, 예컨대 '국민'이라는 범주로 통합하게 만드는 정치적 배제와 포섭의 요소로서 존재한다.

지라르에 따르면 공동체의 희생물로서 희생양은 폭력석으로 다루어지며 욕망 모방이 창출한 사회적 무질서를 다시 질서의 형태로 복구한다. 모방은 갈수록 확대되는 동시에 전염성이 강해지는데, 마지막에 가장 강한 것이 약한 것을 흡수한다. 이 모방의 전염이 만들어낸 무질서에 대한 책임은 희생물에게 씌워진다. 결국 '희생양'에 대한 반대를 통해 모방은 공동체를 하나로 만든다.[12] 희생양에게 집중되는 폭력은 모방과 무차별화의 갈등이 집단 전체와 연관되어 있다는 점에서 집단 구성원 전체가 참여하는 것이며, 혐의를 씌운 대상자에게서 정치적, 사회적, 종교적 범죄를 찾아내는 것으로 정당화된다.[13]

이 과정에서 희생양으로서 난민은 그 범주가 규정되어 주변부화되고, 언제라도 공동체 바깥의 외부자, 혹은 오염물로 호명될 수 있게 배치된다. 이는 배제와 포섭의 정치성과 결합하며 지배구조의 권력을 재생산하고, 기득권이 행사하는 폭력을 정당화한다. 희생물이 그 일원이기도 한 사회의 모든 구성원을 대체하여 희생제의에 봉헌되는 희생양은, 그 제의의 결과로 공동체의 연대감 강화와

---

12) 르네 지라르, 김진식 옮김, 『그를 통해 스캔들이 왔다』, 문학과지성사, 2007, 66쪽.
13) 이종원, 앞의 글, 289쪽.

분쟁의 진정을 가져온다. 타자로 몰린 난민은 그 구별을 통해 사회적 갈등을 유발하는 존재로 지목받고, 공동체 내부의 폭력을 완화하기 위해 언제든 주위를 오염시키는 오점으로 지목 가능한 희생양으로서 잠재하는, 정치적 소수자다.

3. 체제의 반反구조로서 '난민-되기'의 효과

'난민-되기' 의례의 전이 현상에서 우리는 안팎의 순간, 즉 세속사회 구조의 안과 밖을 직면할 수 있게 된다.[14] 이때 식별 가능한 구조란 사회구조를 포함해서 사람들을 구분짓고 그 차이를 정의하며, 그들의 행위를 구속하는 모든 것이며, 반反구조적인 커뮤니타스적 결속은 구별되지 않고 합리성을 벗어나 평등한 개인들이 본질적 우리 Essential We의 관계를 맺고 있는 것이다.[15] 이 반구조적인 국면은 사회구조의 갈라진 틈에서 비롯되며 구조·제도화된 관계와 규범의 정정을 요청하거나 초월한다. 사회극에서 고조되는 위기의 틈바구니로 형성되는 전이의 공간은 그 위반과 갈등을 비추고 해소하려는 대안들의 생성과 경합이 구조화되는 곳이다. 이때 출현하는 대안들은 체제를 존속하려는 것들과 변혁하려는 것들 등 다양한

---
14) 빅터 터너, 박근원 옮김, 『의례의 과정』, 한국심리치료연구소, 2005, 147쪽.
15) 위의 책, 58쪽.

성질을 지니고 있다. 즉, 기존 사회를 비추고 그것이 지닌 모순을 해소할 수 있는 가능성으로서 대안이, 그 구조와 모순에 대한 반反구조로 출현하는 것이다.

난민-되기는 사회의 여러 단위들 사이에서 자신의 존재를 확립하는 양식이다. 난민-되기는 단순히 비난민과 난민의 대립적 관계나 이분법적 분류의 변증법으로 이루어지는 과정이 아니며, 난민을 규정하고 재현하는 지배적 시각에 이끌려가는 과정 역시 아니다. 이는 힘들의 관계 사이에서 복수적 마주침과 변화를 이어가며 다양한 차이를 담아내는 과정이다. 변화 즉 전이의 순간, 난민-되기는 체제의 반구조를 드러내며 기존 사회구조와 체제를 식별 가능하게 만든다. 이때 나타나는 반구조는 의례 과정 속에서 그 대안성을 현시한다.

특히 카렌족의 교회 또는 예배는 일상의 구조에서 이루어질 수 없는 것들을 담아내며, 의례적 평등과 신앙의 공유는 커뮤니타스를 출현시킨다. 범주화된 사회 관계를 넘어선 이러한 결속은 일상의 구조에 대한 반구조의 구체적인 형상이라고 할 수 있다. 그러나 의례나 사건의 층위가 아니라 일상이나 제도의 층위에서 그것이 반복됨으로써 이는 구조 재생산의 계기로 기능한다. 그 순환은 결핍과 갈등, 분열과 위기를 봉합하는 효과를 지닌다. 앞서 언급한 선한 사마리아인의 설교와 같이, 의례는 커뮤니타스를 지향하고 있지만 사회문화적 구조와 종교의 가치관에 속박되어 기존의 체제를 재차 작동시키는 일에 부역하기도 한다. 의례 과정에서 나타난 반구조는 일상으로 다시 귀속될 때 구조 재생산의 한 계기로 배치된다.

그러나 반구조가 출현할 때 난민은 기존 체제의 모순을 표출하며, 이때 드러난 사회구조는 견고할지라도 이를 뒷받침하고 견인하던 요인들은 갈등과 모순을 해결하는 과정에서 변화하게 된다. 난민은 그 존재가 나타나는 것으로 사회 갈등의 드라마에서 안티테제로 작용하는데, 그 기능과 속성은 반정립을 규정하고 갈등의 시작점에 놓여있던 문제들이 투사되어있다는 특징을 보인다. 즉 난민은 한국 사회에 내재된 모순과 부정성을 난민이라는 극단의 경계 속에서 돌출시키는 문제의 범주로서 효과화된다.

난민을 통해 투사되는 부정성은 난민을 주변부에 배치하는 결과를 낳기도 한다. 난민은 되기의 이행 중에 기존 사회의 관계로 규정되지 않는 위치를 차지하고 그 관계 구획에 의문을 던지지만, 새로운 사회적 범주로 다시 포획되고 주변화된다. 이렇게 주변적인 존재로 배치된 난민은 갈등을 유발한 존재로 지적되며 불거진 모순을 다시 완화시키는 역할을 하는데, 이를 통해 일시적으로 정의된 새로운 사회적 관계는 기존 체제의 변화형으로서 질서를 유지하게 된다. 이때 난민은 부정과 모순의 영역에서 체제를 지지하는 담지자로 위치된다.

그러나 난민은 고정된 정체성을 지닌 존재가 아니라, 과정상 또 국면상 변화하는 존재적 특성을 지니고 있는 존재다. 따라서 난민은 주변부에 배치된 존재이나 그 성질은 고정되었다기보다 잠정적인 것으로서 모순을 담지하고 있다. 이 모순은 때로 완화되기도 하지만, 모순의 존재는 잠재적으로 체제의 경계들을 위협하고 교란하는 속성을 체현한다. 정리하자면, 난민-되기는 전이의 공간에서 체제의 반구조를 드러내며, 이 반구조는 기존 사회의 모순을 해소할 수 있는 대안적 측면을 지니고 있다. 비록 난민에게 부여되는 부정성과 그로 인한 주변부적 배치가 체제의 모순을 다시 봉합하기도 하지만, 고정된 실체가 아닌 난민은 사회의 모순을 지속적으로 끌어올리고 경계들에 의문을 던진다.

　이상과 같이 한국을 경계로 삼는 두 가지 경로, 즉 외부와 내부의 경로 속에서 연행된 '난민-되기'의 사회극을 나누어 개괄하고, 사회극적 '난민-되기'의 의미를 분석했다. 난민 캠프의 발생과 난민의 탄생에 연관되는 사회극은 역사적 사건을 통해 그 흐름을 포착해볼 수 있었다. 국민-국가에서 '국민'으로 호명된 이들의 갈등이 민족이라는 경계에서 분출되며 시작된 위반의 국면은, 위기와 교정의 국면을 지나 분열로 치닫게 되었다. 이 과정을 통해 국가와 분리된 카렌 난민이 발생하고, 난민 캠프는 축출된 이들이 머물 공동체 바깥의 장소로 지목된다. 개별 사례를 통해 살핀 난민 캠프의 사회극은 사회구조가 지닌 모순을 각기 구체적으로 표현하면서, 이 사회극이 사회구조 속에서 필연적으로 경험할 수밖에 없는 집단적 서사임을 살펴보았다. 한국 내부의 경로에서, 한국 카렌족의 사회극은 한국이라는 국가와 한민족이라는 정체성이라는 경계와 조우하며 전개되는 특징을 지닌다. 이때 관찰되는 난민의 타자화 현상은, 그 대상에 대한 공통의 적의를 통해 균열된 사회적 지형을 통합하게 만드는 희생양 메커니즘을 작동시킨다.

　'국민'의 대립항으로 설정된 '난민'은 정치적 배제와 포섭의 요소로, 또 정치적 소수자로 위치된다. 그러나 '난민-되기'는 단순히 국민과 같은 개념과 이분법적 구분 작업을 통해 규정되는 과정이 아니다. 난민-되기에서 포착되는 전이의 순간에 드러나는 체제의 반구조는 기존의 사회구조가 지닌 모순을 드러내고, 일련의 의례 과정 속에서 그 구조를 구성하는 관계는 변화된다. 타자로 지목되고 주변부에 배치된 난민은, 모순을 담지하는 존재로서 지속적으로 이 모순과 경계들을 돌출시키고, 난민-되기를 통해 관계하는 힘들과 경계들 사이에서 다양한 차이를 담아내고 변이를 이어가는 것으로 대안의 가능성을 확장한다.

한편 한국사회에서 사회구성원에게 '난민'을 배제와 포섭의 대상으로, 혹은 타자화하여 희생양으로 위치시키는 것에는 미디어 수행이 많은 영향을 미쳤다. 미디어를 통해 단편적으로 제시되는 난민의 이미지는 대개 그 지형이 고착되어 몇 가지의 특징들이 부각된 채 반복적으로 제시된다. 그 결과로 다수의 한국사회 구성원들은 난민에게 혐오나 동정의 감정을 느끼게 된다. 그러나 난민-공동체-되기에서 각 변용의 과정이 보여주듯, 난민은 추상된 존재라기보다 삶에서 마주칠 수 있는 존재이다. 따라서 난민은 사회의 지배적 정서 안에 모두 함축되지 않는다. 이런 현상에 접근하기 위해, 다음 장에서 난민 정동의 작동을 분석하고 이를 존재 역량과 연결 지어 논의하는 것으로 정동의 윤리적 함의와 더불어 한국사회, 또 한국의 카렌족이 나타내는 변용에 대해 살핀다.

5

혐오의 반反윤리와 되기 혹은 정동의 윤리

이 장에서는 한국사회 일반이 '난민'으로 규정된 이들을 대하는 방식과 정동을 포착하면서, 이 방향성이 수립되는 과정에 작동한 것으로 여겨지는 언론의 수행을 함께 살핀다. 난민 정동의 분석을 예시豫示하며 특히 언론의 역할에 주목하는 이유를 미리 밝힐 필요가 있을 것이다. 난민의 정체성은 언제나 불안정하게 유동하는 것이지만, 그에 비해 '난민'을 정의하고 있는 사회의 방식 혹은 구분은 공고한 것처럼 보인다. 현재 한국에 거주하는 난민 인정자의 절대적인 수가 소수이므로, 사회구성원의 대다수는 개인으로서 난민을 실제로 마주할 기회가 적거나 관계의 계기가 거의 없었을 것이라 예상할 수 있다.[1] 그럼에도 불구하고 아직 접촉하지 않은

---

1) 출입국의 통계에 따르면 난민인정자 1,180명에 인도적 체류허가 2,415인을

각 개체로서 난민을, 사회구성원의 상당수가 공유하는 '난민'의 형상으로 직조하는 공정의 한 과정은 매스미디어를 통한 일방적이고 하향적 정보 전달 구조를 통해 이루어진 것으로 여겨진다. 특히 연구를 위한 자료 검토 결과, 특정한 정치적 상황 이후 미디어를 통해 확산되는 정보가 난민을 향한 대중의 정서 변화에 크게 영향을 미치는 것으로 파악되었다.

전국적, 또 전 세계적으로 흐르는 정보를 담아내고 송출하는 매스미디어와 그 수용자 사이에서 생성된 여론은 역사·경제·정치·사회문화적 틀 안에서 구조화된 것으로서 사회의 이방인인 난민을 규정하려는 분규에 지배적으로 개입한다. 즉 난민에 대한 특정한 정서는 이미 틀지어진 것일 수 있다. 그러나 매스미디어의 구조는 일상적 삶의 모든 관계와 소통을 담아내지 못하므로, 현상의 실상은 난민 담론 구성의 파악과 실제 사례의 종합을 통해 검토될 필요가 있다. 따라서 이 장에서는 한국사회의 난민 정동의 구성과 흐름을 포착하고, 그 함의를 규명한 다음, 이를 바탕으로 카렌족 난민의 개별 경험과 사회구조 안에서 변용되고 확장하는 것으로 관찰되는 카렌족 공동체의 현상을 분석하고 그 의미를 밝힌다.

포함하여, 2022년 2월을 기준으로 난민인정(보호) 상태에 있는 이들의 수는 3,595명이다. 『출입국·외국인정책 통계월보 2022년 2월호』, 법무부 출입국·외국인정책본부, 2020, 3쪽을 참조.

1. 난민에 대한 한국사회의 지배 정동과 반反윤리

제보자 N은 동네 주민들이 그가 '난민'이라는 정보를 주고받으며 수군거린 일을 기억한다. 이웃으로서 한국인 주민들과 담소를 즐기고 서로 음식을 나누어 먹는 등 일상적으로 교류하고 싶다는 소망을 가진 그는, 그를 난민으로 규정하는 시각을 감지할 때마다 좀처럼 허물기 어려운 벽을 마주하게 된다. 여러 인권단체와 활동가들이 인종차별 철폐, 차별금지법 제정 요구와 법무부를 겨냥한 난민지침 공개 요구 등 이주민의 평등한 권리 보장과 한국사회의 인식 개선을 위해 지속적으로 활동해왔지만, 여전히 한국사회의 대다수가 난민을 바라보는 시각은 부정적 방향에 속해 있다. 특히 난민인권네트워크는 2021년의 아프가니스탄 난민보호에 대한 입장을 수차례 밝히며, 난민과 인종, 종교에 대한 혐오표현을 금지하고 언론이 "혐오를 조장하는 인터넷 상의 표현을 '논란' 또는 '찬반 논쟁'" 등으로 보도할 경우 공적 발언 기회를 얻은 혐오 표현이 한국의 난민 차별을 조장할 수 있음을 지적했다.[2]

유튜브에 2020년 9월 1일 게시된 "[브릿지TV|브릿지토크] 난민 수용 찬성 VS 반대"는 일반 시민에게 난민 수용에 대한 입장을

---

2) 난민인권네트워크(Korea Refugee Rights Network) 페이스북 페이지, 〈페이스북〉, 2021년 8월 25일 게시, 2021년 10월 17일 접속. https://www.facebook.com/KoreaRefugeeRightsNetwork

묻고 그 대답을 기록한 거리 인터뷰 동영상이다.[3] 이 영상 속에서 난민 수용에 찬성하는 인원은 전체 인터뷰이의 17%인 3명이었다. 찬성의 이유는 "성장을 했으니 받았던 것을 다시 되돌려줘야" 한다거나, "도덕적이고 민주적인 이미지만으로도 우리나라의 시장가치가 증가한다고 생각하기 때문" 혹은 "인도주의적 측면"의 고려 때문인 것으로 나타났다. 그러나 난민 수용에 찬성을 표명한 시민들은 자신의 의견이 난민을 "완전히 수용해야만 한다는 것은 아니"며, "난민이 많은 피해를 입히는 사례들"과 같은 입장이 된다면 반대하게 될 것이라며, 자신의 의견이 전제조건을 한정하고 있는 부분적 찬성임을 밝혔다.

반대 의견을 뒷받침하는 이유는 난민들이 대개 불안정한 신분과 경제 상황에 처해 있으므로 이들이 치안에 문제를 야기할 확률이 높고, 난민 수용 시 발생할 경제적 부담은 "우리나라의 세금과 다 연관"되어 국가적 경제 손실을 불러오기 때문에 그 비용을 난민보다 힘든 환경에 놓인 자국민에게 사용하는 것이 우선되어야 한다는 점으로 압축할 수 있었다. 그 외에 "우리는 단일민족이고 유럽은 더 복잡하고 다원적인 사회"이므로, 유럽보다 다양한 문화의 포용능력이 부족한 한국에서 난민 수용은 문제를 발생시킬 것이라는 주장도 펼쳐졌다.

---

[3] 〈DIMA TV_디마티비〉 채널에 게시된 해당 영상의 정보는 다음과 같다.
「[브릿지TV|브릿지토크] 난민 수용 찬성 VS 반대」,
https://youtu.be/lljgQIXhpXA.

특징적인 것은 대다수의 인터뷰이가 난민 수용 문제를 미디어를 통해 전달된 정보를 기반으로 이해하고 있었다는 점이다. 난민 수용 문제에 대해 "미디어를 통해서 많이 접해"보았다거나, 난민 수용 후 "안 좋게 된 사례가 외국에 많다고 들었다"는 인터뷰이들의 언술과 더불어, "지금 유럽을 보셔요"라던가 "유럽이 어떤꼴 당했는지" 알아야 한다는 요청이 담긴 댓글은 난민 수용에 대한 이들의 이해가 현재 한국사회에 진입하여 존재하는 난민들에 대한 것으로부터 조금 거리를 둔 채 우회하고 있는 것이라는 점을 보여준다. 한편 "제주도 예민난민 하는 행동보세요"라는 댓글과, "제주도에서도 사건이 일어났었고 다른 곳에서도 사건사고가 발생했기 때문"에 최소한의 규정을 통해 난민을 수용해야 한다는 한 인터뷰이의 첨언은 수년 전 예멘 난민 유입이 한국 사회에 파장을 일으켰던 정황으로부터 이어지는 것이다.

2018년, 예멘 내전을 피해 제주도에 무비자입국한 561명의 난민이 한국사회에 화두를 던졌다. 난민을 둘러싼 많은 의견이 쏟아졌고, 한국사회의 난민 혐오가 부상되었다. 청와대 국민청원에 올라온 난민 수용 거부 청원은 70만이 넘는 찬성 서명을 받았고, 제주와 서울에서는 반난민 집회가, 또 이에 맞선 반반난민 집회가 열렸다.[4] 난민 반대 집회는 제주도에 나타난 예멘 난민들로 인한 지역사회의

---

4) 황덕현, 「한 장소, 두 목소리…제주 예멘 난민 수용 찬반 집회」, 〈News1〉, 2018년 6월 30일 게시, 2022년 2월 17일 접속.
https://www.news1.kr/articles/?3359517

붕괴를 우려하여, 자국민의 안전이 위협받는 상황을 미연에 방지하기 위한 법과 제도 구축을 요구하기 위해 열렸다. 집회에서 구호로 내건 "국민이 먼저다"라는 문장은 한국사회가 난민을 대하는 시각을 명확하게 드러낸다.

근대 국가의 설립 이후 국가라는 체제는 '국민' 혹은 '시민'의 자격을 가진 사람들에게 주요한 사회구조로 여겨졌다. 사회의 구성은 자유로운 개인이 주권의 기초를 지니고 스스로의 필요에 따라 자신의 권리 일부를 양도하기로 약속·계약함으로써 이루어진다. 즉, 근대 사회의 이념적 전제는 국민이 국가를 구성한다는 것이다. 그러나 국민 국가 체제는 '국민이 국가를 구성한다'는 주권과 계약을 '국민'에게 끊임없이 상기시켜야 유지될 수 있다. 따라서 의례적 행사와 교육을 통해 국가는 국가공동체에 대한 권리와 책임을 지닌 존재로서 '국민'을 호명해 왔다. 그러나 난민은 국가에 속하지 않는 자로서, 이방인이자 거류민으로 분류된다.

이방인에 대한 담론 구성은 이후 편견과 혐오로 조장되는데, 이는 언론의 수행과 무관하지 않다. 종편 방송사의 뉴스를 비롯한 언론은 예멘 난민들이 제주도로 입국하는 상황부터 난민 지위를 인정받지 못한 이들을 "가짜 난민"으로 조명했다.[5] 난민 불인정자를

---

[5] 채널A 뉴스, 「난민 신청 악용한 불법 체류…'공공연한 비밀'」, 〈유튜브〉, 2018년 7월 11일 게시, 2022년 2월 15일 접속. https://www.youtube.com/watch?v=J3FA93rpA44; 김태훈, 「사실상 '가짜 난민'판명…'출도제한 해제' 새 쟁점」, 〈세계일보〉, 2018년 9월 14일 게시, 2022년 2월 15일 접속. https://www.segye.com/newsView/20180914003136; 배상철·조수진, 「[종합] "예

가짜 난민으로 명명하는 수사학을 통해 난민에 대한 부정적인 인식이 확산됨과 더불어, '가짜' 신분으로 체류하는 이들을 가려내기 위해 난민 인정 절차와 규제를 강화해야 한다는 촉구가 이어졌다. 또한 난민 인정에 필요한 절차에 소요되는 행정력이 '국민이 낸 세금'으로 이루어진 것이므로, 국민에게 다시 돌아가야 할 세금이 국민 아닌 타자에 불과한 난민에게 소모되고 있다는 담론은 난민을 더욱 테두리 밖 주변부로 밀어내며 적대해야 할 존재로 만든다.

한국에서 시행한 제삼국재정착 정책의 1기로 입국한 카렌족 난민은 2015년 크리스마스이브 하루 전에 공항에 도착할 예정이었다. 이상국에 따르면 이는 한국사회에 '크리스마스 선물'을 안긴다는 효과를 노렸기 때문이다.[6] 3장에서 카렌족 난민의 정착·재정착 과정의 구조를 살펴 알아본 것과 같이, 한국 정부는 이들의 사회 유입으로 인한 파장과 혼란을 예방하기 위한 몇 가지 장치를 마련했다. '크리스마스 선물'이라는 긍정적인 이미지를 대외적으로 보이기 위한 일정 조정 역시 그 일부일 것이라고 예상할 수 있다. 그러나 이 계획은 당초와 다르게 떠들썩한 환영이나 대대적인 보도를 자제하는 방식으로 바뀌었다. 언론 보도를 통한 분위기 조성에 소극적이었던 이유는 2015년 11월에 파리에서 다수의 민간인 피해자를 발생시킨 대규모 테러의 시행자가 난민이라는 추측이 퍼져나갔기 때문이

멘인 난민으로 인정"vs"가짜난민 전원 추방"」, 〈NEWSIS〉, 2018년 10월 17일 게시, 2022년 2월 15일 접속. https://newsis.com/view/?id=NISX20181017_0000445698 등.
6) 이상국, 앞의 글(2016b), 101쪽.

다. 추측과는 달리, 테러에 참여한 이들이 위조된 시리아 여권을 지니고 있었다는 행적이 이후의 조사에서 밝혀졌다.[7] 그러나 당시 심화된 반난민 정서는 전 세계로 퍼져나가 각국의 난민 수용 방침과 국민 여론에 영향을 미쳤다.

파리 테러의 여파는 유럽에서 시작된 반이슬람, 반난민 정서를 심화시켰다. 사건의 중대성으로 인해 보도의 중심이 된 파리 테러와 관련하여 쏟아져나오는 기사와 SNS 등을 통한 의견의 확산은 대중들에게 테러와 난민의 이미지를 연관된 것으로 인식하게 했다. 이 영향은 세계 각국의 난민 수용 정책 및 안보 점검의 계기로 작동하였고 난민의 수용 문제는 세계적으로 민감한 화두가 되었다.[8] 한국의 재정착난민 1기가 입국하던 때는 파리 테러로부터 채 두 달이 지나지 않은 시기로, 수십 명 규모의 난민을 받아들이게 되었음을 대대적으

7) Patrick J. Mcdonnell · Alexandra Zavis, 「Slain Paris plotter's Europe ties facilitated travel from Syria」, 〈Los Angeles Times〉, 2015년 11월 20일 게시, 2022년 5월 31일 접속. https://www.latimes.com/world/europe/la-fg-paris-attacks-mastermind-20151119-story.html
8) 파리 테러 직후 난민 수용 정책과 여론에 대한 기사는 문은주, 「캐나다, 파리 테러로 난민 수용 반대 의견 확산…트뤼도 "수용 계획 불변"」, 〈아주경제〉, 2015년 11월 17일 게시, 2022년 5월 31일 접속. https://www.ajunews.com/view/20151117093124860; Ashley Fantz · Ben Brumfield, 「More than half the nation's governors say Syrian refugees not welcome」, 〈CNN〉, 2015년 11월 19일 게시, 2022년 5월 30일 접속. https://edition.cnn.com/2015/11/16/world/paris-attacks-syrian-refugees-backlash/; Michael Mathes, 「House votes to suspend US refugee program」, 〈Yahoo News〉, 2015년 11월 20일 게시, 2022년 5월 30일 접속. http://news.yahoo.com/us-house-passes-bill-suspending-syria-refugee-program-190747570.html?soc_src=social-sh&soc_trk 등을 참조할 수 있다.

로 보도하기에는 적합하지 않은 시점이었다. 이주의 배경에 차이는 있으나, 2021년에 '특별기여자'로 입국한 아프가니스탄 난민처럼 언론의 수행을 통해 환영의 분위기를 조성하지 못한 채 비교적 조용히 입국한 재정착 난민들은 한국사회에 이미 조성되어 있던 난민에 대한 부정적 인식으로부터 벗어날 수 없게 되었다.

그간 한국의 언론은 사회에 위험을 가하고 질서를 흩뜨리는 존재로 난민을 대상화하기 위해서 난민의 출신국과 문화를 왜곡하거나 범죄를 과장하여 보도하기도 했다. 논의를 위해 다시 2018년 예멘 난민을 둘러싼 사건을 특정하여 예를 들자면, 난민 출신국의 문화적 후진성과 야만성을 설득하기 위해 조혼 풍습과 일처다부제를 강조하여 유포된 선정적인 기사를 통해 문화적으로 폭력적인 성향을 내재한 난민들로부터 여성과 아이를 보호해야 한다는 의견이 개진되었다. 이슬람 국가 출신인 예멘인들을 잠재적 테러리스트로 규정하거나, 범죄를 저지른 난민의 사건을 확대·확산하여 일반적인 경우처럼 호도하는 방식은 혐오의 재생산에 이용되었다.

언론의 수행으로 이미 구조화된 사태 속에서 이질적인 존재를 접하게 된 한국사회 일반의 시선은 난민을 침입자로 인식하고 혐오와 공포를 느끼도록 유도되었다. 그런 중 한편으로, 혐오의 대상이 된 난민에게 시혜적으로 베풀어지는 동정이 한국사회에 공존하고 있다. 동정은 다른 사람을 가엽게 여기는 것이며 일견 긍정적인 형태의 감정으로 느껴지기 마련이나, 이 역시 난민을 거류민으로서 규정하는 보편적 시각을 내재한 것으로 볼 수 있다. 대개의 동정은 혐오와 폭력의 대상인 난민에게 느끼는 연민 혹은 '난민' 상태를 고통스럽고 측은한 것으로 여기는 시각으로부터 기인한다.
　담론을 구조화시키는 언론의 수행과 난민이라는 조건에 대한 편향적 지식은 특정한 구도 속에서 난민이라는 심상을 만들어낸다. 이로부터 발생하는 감정들, 즉 혐오와 동정으로 향하게 되는 변이의 순간은 슬픈 정동이라고 할 수 있다. 들뢰즈에 따르면, "슬픈 정동은 원인들의 법칙을 모르고 오직 결과만을 받아들이는 의식의 환상에서 비롯된 것"이다.[9] 이런 점에서 혐오와 동정은 나쁜 마주침으로, 슬픈 정동으로 분류된다. 이런 슬픈 정동들은 죄의식으로 나타나고 실체의 능력을 하강시킨다. 정동은 관계와 힘에 대응하는 역량이며, 변이의 원인과 법칙을 알지 못한 채 결과에 휩쓸려가는 슬픈 정동들은 그 역량, 즉 신체의 변용 정도를 점차 제한하게 된다.
　어떤 양태의 변용 능력은 자신의 지속과 존재 가능성을 위해 능동적으로 변용하는 능력인 행위 능력 그 자체다. 존재의 지속은 행위 능력의 상승과 하강에 연관되고, 이 증감은 정동으로 드러난다. 한 신체의 변용 능력은 '좋음'과 '나쁨'의 상태에 연관되는데, '좋음'은 좋은 관계와 만남을 얽고 결합하려는 노력을 통해 관계를 조직하려는 행위의 역량으로서 능력이므로, 관계를 조직하려는 노력 없이 수동적으로 상황을 겪어내는 것은 '나쁨'이다. 슬픔의 정동, 혐오와 같은 정동은 존재 지속을 위한 변용 능력이 슬픔을 불러온 원인과 고통을 몰아내고 배척하는 것에 집중되므로 행위 능력의 향상을 불러오지 못한다.

[9] 김은주, 앞의 책, 47~48쪽.

'좋음'과 '나쁨'을 오가는 역량의 정도는 정동의 상태로 나타난다. 따라서 스피노자의 윤리학은 신체의 능력을 상승시키는 기쁜 마주침, 좋은 관계에 결합하는 정동을 제시한다. 다시 말해 생성하는 삶을 추구하고, 차이를 외면하고 보편성을 근거 삼아 통치의 원리를 정당화하는 체계를 비판하여, 이 체계가 야기하는 슬픈 정동을 벗어나는 것이 그가 제시하는 윤리학이다.[10] 기쁜 정동으로 계속적인 변용을 일으켜 존재를 지속하고 확장하는 것으로서 윤리학은, 힘들의 관계 속에서 능동적인 역량의 상승을 추구한다. 혐오와 동정의 정동으로 위치 지어진 한국사회의 난민 담론은 바로 이런 측면에서 반反윤리적이라고 할 수 있다.

그러나 이렇게 타자화된 난민의 소수자성은 줄곧 피해자의 위치에만 고정되어 슬픈 정동의 조건으로만 존재한다고 이해할 수 없다. 어떤 공동체가 덧셈이 아닌, 주관에 의한 덜어냄으로써 결합하고 있을 때, 만약 그 공동체의 구성원이 더이상 동일함에 근거할 수 없어진다면 그는 필연적으로 타자가 된다. 이때 타자의 모습은 "공통common"과 "적합한proper" 것의 모든 연결고리를 끊고 공통을 부적절한 것에 연결한다.[11] 한때 공동체의 구성원이었던 이, 즉 '무엇'이었던 이가 '무엇이 아닌' 존재 혹은 다른 '무엇이 되어가고 있는' 존재로, 또 다른 주체가 아닌 타자가 된다는 것은 새로운 정체성으로 결코 고정될 수 없는 일련의 변화를 나타낸다. 변화가

---

10) 위의 책, 48쪽.
11) Roberto Esposito, op. cit., 2010, p.138.

가능하다는 것은 변이의 역량을 지니고 있다는 의미이며, 다양한 구분선과 연결선으로 이 변이의 가능성을 잠재하는 한국사회 구성원들의 혐오와 동정, 즉 배제와 시혜가 중첩되는 효과로 난민은 외부자이자 내부자의 위치를 갖게 된다.

이상으로 언론의 수행이 한국사회의 공동체와 난민 정동이 일정한 방향성을 지니도록 영향을 미쳤으며, 한국사회 일반의 시선이 이미 구조화된 것임을 살펴보았다. 또한 들뢰즈와 스피노자의 이론을 경유하여 이런 집합적 혐오와 동정의 정동은 어떤 존재와의 만남에서 그 까닭을 이해하지 못한 변화이며, 이 변화는 슬픈 정동임을, 더 나아가 반反윤리적임을 제시하였다. 그러나 언론이 상정한 구조는 카렌 난민을 비롯한 한국사회 구성원들의 생활세계를 모두 포괄할 수 없어 어그러질 수밖에 없다. 따라서 제시된 구조의 짜임으로부터 빗겨나는 존재들은 외부이자 내부 어디에도 속하지 못한 동시에 어느 곳에도 속해 있으면서 예측할 수 없이 변이하는 존재라 짐작해볼 수 있겠다.

2. 되기의 존재 역량 혹은 난민 정동의 윤리적 함의

앞서 살펴본 바와 같이 한국사회의 난민 담론과 정동은 혐오와 동정으로 구조화되어있다. 그러나 언론이 상정한 구조와 체계는 생활세계와 반드시 일치하지는 않으며, 그 안에 모순을 지니고 있다는 점을 지적할 수 있겠다. 일례로 한국의 카렌족 난민은 언론에서 마주할 수 있는 '난민' 관념과 달리 반드시 그것으로만 수렴되지 않으며, 사회의 관계망에 놓인 존재로서 한국사회 안에서 각기 다른 존재와 마주치며 끊임없이 변용되는 존재이다. 즉 이들은 피해자의 위치에 고정되지 않고 한국사회의 힘과 관계들 사이에서 변이하는 존재로서 관계망 안에 위치한다. 개인에서부터 집단까지, 같은 동역학적 관계에 놓여있는 무수히 많은 신체들과 접촉하여 변이하고, 때로 외부 압력으로 강제되면서 경험적으로 또 담론적으로 변화하는 행위 주체들의 존재는 언론의 수행과 다른 방식으로 그 존재 역량을 넓혀간다.

카렌족 난민의 한국인 되기는 '한국 국적을 지닌 자'라는 동질적 범주에 포함되거나 '한국인'으로 규정되는 특징이나 성질을 공유하는 것으로 이행되지 않는다. 때로 카렌족 난민 공동체의 생존에 필요한 노동은 이주자의 노동으로서 국민들의 일자리를 빼앗는 것으로 규정되기도 한다. 그러나 난민들의 욕망은 그들을 타자화하고 배척하는 시선에 의해 불온시되면서도, 생활세계 내부의 행위자들에 의해 상호작용하고 관계망을 확보하는 과정에서 실현되기도 한다.

한국과 난민 캠프의 카렌족을 연결하는 통로 중 하나는 선교단체 킨 미니스트리다. 킨 미니스트리는 멜라 난민 캠프의 기독교 단체에서 한국에 거주하는 카렌족에게 도움이 되어 달라고 파송한 한국인 선교사를 중심으로, 카렌 난민 캠프에 수차례 방문한 적 있는 선교사들이 함께 설립한 선교단체다. 이들은 한국에 거주하는 카렌족들과 언제나 함께 생활하는 것은 아니지만, 전화 등의 연락을 통해 개별 가정의 상태를 파악하거나, 종교행사를 함께 진행하거나, 병원에 가거나 부동산 업무 등 어려운 일이 있을 때 통역으로 동행하거나, 스포츠 모임을 함께 하는 등 지속적으로 접촉하고 있다. 킨 미니스트리의 정○○ 선교사는 소속된 선교단체와 교회의 네트워크를 통해 원주에 소재한 한 공장에 한국의 카렌족을 위한 일자리를 확보했다.

정○○ 선교사는 종교인들의 연결망을 통해 원주 공장을 소유한 회장과 연이 닿았고, 평소 자선사업이나 이주민들을 위한 공공사업에 호의적이었던 회장은 선교사와 대화 끝에 카렌족이 일자리를 원한다면 원주의 한 공장과 계약할 수 있도록 했다. 확장된 관계망은 재정착 난민을 비롯하여 고용허가제로 입국한 7명의 카렌족이 원주에서 일하게 되는 배경이 되었다. 정○○ 선교사는 원주의 공장이 카렌족을 고용하는 조건으로 요구한 카렌족과 공장 실무진 사이의 의사소통과 업무 조율을 담당하는 직무를 맡아 카렌족과 함께 고용되면서 1년간 같은 공장에서 일했다.

한국의 사업장에서 근로하는 이들은 한국인이라는 국적 동일성을 해체하며 변용시킨다. 함께 일하는 이들과 이전과는 다른 관계를 맺고, 근로지 동료의 경조사에 참석하는 등 카렌족 난민은 난민 담론이 규정하는 범주를 넘어 한국사회 안에서 그 존재 방식을 확장시키고, 집합의 구성을 달리하며 공동체의 범주를 넓혀간다.

노마드 하우스 같은 경우도 정샘이 거기 카렌 사람이랑 같이 마스크 공장에서 일을 했잖아요. 그래서 카렌 사람들이 장난을 이제

칠 수 있어요. 이제 옛날에는 선생님 선생님 하다가 이제는 형. 이제는 형, 삼촌. 이렇게.[12]

그동안 한국의 카렌족이 킨 미니스트리 관계자에게 보이던 반응은 어느 정도 예의를 지키며 거리를 둔 태도였다고 할 수 있다. 킨 미니스트리 관계자들이 주로 신앙생활에서 책임자 역할을 담당하는 성직에 종사하고 있으며, 난민 캠프와 연결 역시 개개의 구성 주체가 아닌 종교적 지도자로 이어져 있었기에 한국에 이주한 난민들에게는 킨 미니스트리 구성원이 낯선 얼굴이었기 때문이다. 카렌 이주민과 정○○ 선교사가 같은 공장에서 일하는 동안 이들은 기존에 맺고 있던 관계와 다른 유대를 쌓았다.

카렌족끼리 친목을 도모하기 위해 선교사의 자택에 모여 공동으로 식사를 하거나 종교적 행위를 함께하는 것은 이전과 비슷한 점이었다. 그러나 카렌 이주민은 이전, 난민 캠프에 일방적으로 물자를 전달해주던 선교사에게 식사를 대접하고 그의 자녀를 돌보는 등 함께 살아가는 존재의 시선에서 선교사와 생활을 같이하며 때로는 편의를 제공할 수 있었다. 근무 중 치료가 필요한 일이 있으면 정○○ 선교사가 병원까지 동행했고, 일터의 동료 직원이 생일을 맞으면 함께 축하했다.

정○○ 선교사 역시 카렌 이주민들과 함께 한국사회와 공장의

---

12) 박○○(남성, 킨 미니스트리 한국 대표)의 구술(2021년 12월 20일, 박○○ 대표 자택).

노동환경을 경험하며 재한 카렌족의 생활상을 가까이서 파악할 수 있는 기회를 얻었다. 같은 공장에서 1년간 함께 숙식하며 근로한 정○○ 선교사에게 카렌 난민들은 전보다 더 가깝고 편한 모습을 보이게 되었다. 이는 난민캠프와 다른 환경에 놓인 카렌족들이 자신의 변화를 인지하면서 기존의 관계를 새롭게 정립하는 과정으로 읽어볼 수 있다.

> 난민캠프에 있을 땐 그냥. 사실 그냥 받는 것밖에 없어요. 거기서 뭘 할 수 있는 게. 그러니까 뭘 가져다주면 받는 거에서 끝났는데 이제 아니잖아. 그래서 자꾸 줘. 주고 부탁을, 이제 선교사 난민 관계가 아니라, 그냥 형, 삼촌. 만나진 않아도 자주 전화하고, 아픈 데 없냐 잘 지내냐. 어려운 일 있으면 도우러 갈게. 그럼 목사님한테도 힘든 일 있으면 간다, 와 준다 하고. 이게 좋은 거에요.[13]

외부에서 주어지는 원조를 일방적으로 받을 수밖에 없던 난민 상태의 카렌족은 한국에 재정착하며 스스로를 자신과 관계 맺는 이들과 동등한 사회구성원으로서 인식하기 시작했다. 시혜적인 도움을 줄 수 있는 외국의 선교사로 표상되었던 박○○ 목사와 정○○ 선교사에게, 그간의 거리를 점차 줄여나가 장난을 치고, 자신이 필요한 일이 있다면 돕겠다는 의미를 표명하는 한국 카렌족

---

[13] 박○○(남성, 킨 미니스트리 한국 대표)의 구술(2021년 12월 20일, 박○○ 대표 자택).

의 모습은 난민 캠프의 난민으로서 취할 수 있었던 태도와는 사뭇 다른 것이다. 탈주와 도주, 이산과 이주를 거듭한 카렌의 역사 속에서 국가를 잃은 난민으로 존재하던 개체들의 관계양상이 각 개체가 한국사회에 자리 잡고 적응하는 과정을 통과하며 변화된 것이다. 한편 한국사회와 조응하는 이들의 욕망 역시 변화하는 모습을 보이기도 했다.

> 나도 한국말 안 해봤는데 나도 이렇게, 열심히 해 봐야 돼, 해 봐야 돼. 그렇게 이야기하면. 애들이 여러 명까지 있어요. 그래서 애들이한테도 가르쳐줄 수 없고, 아빠들이도 일 나가니까 아침부터 저녁까지 하니까 힘들어. 아빠가 할 수 없고, 엄마들이도 애들이 이렇게, 엄마들이 가르쳐 줄 수 있으면 좋겠어요. 그래야 한국 생활 잘 할 수 있지. 아니면 앞으로도 애들이 다 공장만 갈 거예요. 안 그래요? 지금은 뭐 공장들이만 가다가, 고등학교 끝났는데. 해갖고 나중에도 다 사람들이 있으니까.[14]

난민은 이주노동자로 인식되지만, 취업비자를 발급받아 입국하는 이주노동자와 달리 취업이 가능한 직종이 한정되지 않는다. 그럼에도 불구하고 언어적 한계로 인해 이들의 취업처는 주로 제조업으로 한정된다. 제보자 E는 노동 환경의 다양한 선택권을 위해 한국어의 빠른 습득이 필요하며, 현재 한국 카렌족의 부모세대와

---

[14] 제보자 E(여성, 64세, 무직)의 구술(2022년 3월 17일, 카페 ROTAM).

자녀세대의 한국어 능력이 충분히 함양되지 못한다면 다음 세대들의 취업 선택폭 역시 좁아질 것이라 전망한다. 한국에 재정착한 카렌족 난민은 한국에서 거주하게 된 이후 5~7년이 지났지만, 이들 대부분은 제조업 공장에서 근무하고 있다. 특히 최근 고등학교를 졸업한 이가 소방관이 되기를 꿈꾸다 이전의 진로를 포기하고 한 제조업 공장의 생산직으로 취직하면서 제보자 E의 이와 같은 염려는 더욱 깊어졌다.

그러나 제보자 E의 염려와는 달리, 소방관을 준비하는 대신 현재 공장에서 노동하고 있는 이는 급료로 카메라를 구매해 취미생활을 즐길 수 있게 된 점과 미래에 대한 계획을 세울 때 차량 구입 등 경제적인 부분의 현실성을 얻게 된 점을 긍정적으로 평가하고 있었다. 한국에 재정착한 카렌 난민들의 대다수는 부모세대가 자녀의 미래와 교육을 고려해 이주하게 된 경우다. 따라서 이들이 한국에서 고등교육을 수학하고 난민 캠프에서 기대할 수 있는 일자리보다 더 나은 노동조건에 있기를 바라는 욕망은 자녀들보다 부모세대에게서 강하게 나타나며, 각기 다른 입장과 가치관을 갖는 요인이 된다.

한국에서 카렌족이 일정 부분 한국사회에 배치된 욕망들과 교섭하며 지배적인 가치들을 내면화하는 것을 예속화되는 과정이라 비판할 수 있겠지만, 이를 변용을 거듭하는 순간들로 이해할 필요가 있다. 고정되지 않고 끊임없이 변이하는 것으로서 타자는 새롭게 배치된 욕망으로 인해 나타나는 새로운 것이다. 이때 타자는 주변적이라기보다, 때에 따라, 또 조건과 계기들에 따라 유동하는 정체성으로부터 발생하는 차이들을 결합시키고 공존하게 하는 신체로서 일순 한국인이 되어가는 흐름 속에 놓여진다.

　현재의 조건과 환경 속에서 이들은 끊임없이 욕망을 변주하고 관계를 재정립한다. 다양한 관계들로부터 촉발되는 변화와 그 과정을 포함하는 신체는 차이들의 상호작용 속에서 형성되는 것이다. 즉 변용은 단일 신체에서 발생하는 것으로 포착될 수 있지만, 시야를 확장해 변이를 촉발하고 관계를 연결하는 복수의 존재와 변이를 거듭할수록 생성되는 집합적 신체에 주목할 필요가 있다. 한국사회 안에서 카렌 난민들은 사회적 현상과 가치로부터 배태된 교육·학문적 성취에 대한 기대, 더 나은 노동환경에 대한 낙관, 난민이라는 범주를 넘어서 이웃과 교류하고 회사 동료와 관계 맺고 싶다는 열망, 경제적 안정에서 오는 풍요와 여가를 누릴 수 있는 여유, 때로 난민 캠프로 돌아가고 싶은 향수 등을 욕망하며 계속되는 변용을 일으키고, 이 변용은 관계의 확산을 통해 설정된 경계들을 횡단하며 차이나는 것들을 접속시킨다. 생활세계의 관계망에서 연쇄하는 차이의 발산, 접속의 확산과 계속적인 변용으로 그 변이의 역량을 증대시키는 카렌 난민들의 되기는 존재를 지속시키고 그 역량을 증가시킨다고 할 수 있다.

　연구 수행을 위해 살펴본 난민을 향한 한국사회 일반의 시각은 사회·정치를 포함한 언론의 역할 수행을 통해 난민을 이방인으로서 규정하며 사회로부터 배제 혹은 포섭되거나 혹은 그렇게 할 수 있는 수동적인 존재로 위치시키는 것으로 파악할 수 있었다. 언론이 구조화하는 난민에 대한 형상은 한국사회의 난민 담론을 공식화하고 정동이 혐오와 동정이라는 방향으로 매개되도록 이끈다. 혐오와 동정은 신체의 역량을 제한하는 나쁜 마주침, 슬픈 정동이며, 한국사회 일반의 시선은 난민을 마주할 때 슬픈 정동을 지니도록 유도되었다고 할 수 있다. 그러나 카렌족은 한국사회 안에서 이산과 이주를 연속하며 경계들의 틈새를 빠져나가고 횡단하여 시기마다 달라지는 관계와 상황에 유동적으로 대처하는 모습을 보여준다.

한국사회에 사건적으로 접속하였으나, 사회를 구성하는 존재의 일부로서 한국의 카렌족은 끊임없이 변화하고 협상하는 관계망 안에서 변용되며, 그 변용 능력의 상승을 통해 존재 능력을 확보한다. 이 변용은 관계망이 넓어지는 것과 같이 확장되며, 집합적이고 복합적인 신체를 만들어낸다. 즉 한국의 카렌족 난민 공동체는 각 개체이자 그것으로 구성된 집합이면서, 생활세계의 관계망을 통해 한국사회와 연동되어 그 안에서 한국인이라고 부를 수 있는 무엇이 되어가는 순간적이고 잠재적인 상태를 나타낸다.

6

'난민-공동체-되기'의
민속적 의미와 의의

민속적 의미와 연구 의의를 밝히기에 앞서, 우선 본문에서 다소 혼란하게 지칭했던 본 연구의 대상을 '재정착 난민 한국 카렌족'이라고 명명하려 한다. 경우에 따라 '카렌족', '재한 카렌족', '제삼국재정착 난민', '카렌 난민' 등으로 대상을 지칭한 이유는 칭호 밖으로 탈주하는 범주와 경계의 유동성을 표현하기 위한 것이기도 했다. 그러나 도출한 연구 의의의 개진을 위해, 이 모든 의미와 현상을 총체적으로 지칭할 수 있는 언어적 표현의 필요에 따라 제삼국재정착 제도로 입국한 한국의 카렌족 난민을 '재정착 난민 한국 카렌족'으로 명명한 후 논의를 진행하려 한다. 이 명칭은 여전히 현상을 모두 포괄하지 못하고 일부 의미만을 담을 수 있다는 한계가 지적될 수 있겠으나, 이들이 한국사회에 진입하는 경로가 난민이라는 상태와 더불어 재정착이라는 제도로부터 비롯되는 것과, 현재 한국에서 살아가며 생활세계 안에서 재정립하는 카렌족 정체성을 함축하기 위해 사용하고 있음을 밝힌다.

재정착 난민 한국 카렌족은 단순히 어떤 존재가 한국으로 이식된 것으로 생각하거나, 그 존재들이 민속현상으로부터 분리되어 존립하는 것으로 여길 수 없다. 민속현상에서 민속이라고 불리는 것들은 그간 현대사회의 근대성과 조응하며 그 성격이나 문화적, 사회적 위치가 분열·융합되는 등 복합적인 상태에 놓여온 것으로 판단된다. 민속이 복합적인 상태에 놓여있기 때문에, 이 다양하고 상이한 차원 속에서 '민속'은 그것을 판별하기 위한 구분선들을 지니게 되며, 이 구분선은 복수적으로 중첩되어 존재한다. 예컨대, '민속'은 현상의 얼개로부터 통합할 수 없다고 판단되는 의미들을 짜임새 있게 나누어 그것의 중심과 주변성을 상정하거나, 근대적인 것과 구분되는 전통적인 것, 도시와 농촌의 구분, 외래로부터 수용된 것과 민족적인 것 등의 구분과 그 정도의 측정을 통해 규명할 수 있는 것으로 여겨지는 경향이 있었다.

이 구분선들은 카렌족을 민속학 연구 영역에서 다룰 때 그 일부가 더욱 명료하게 드러난다. 이를 도식으로 나타내자면 다음 〈그림 3〉과 같다.

민속사회와 민속종교는 그 각자의 연구 영역 구도 속에서 근대-전통, 도시-농촌, 중심-주변, 서구-민족, 정통-이단, 일자-다자 등의 구분선을 경계로 지니고 있다. 여기에 카렌족이라는 대상 영역이 민속종교와 민속사회의 구도에 덧붙여짐으로써, 그 접점으로부터 민속사회의 연구 영역에 존재해 온 구분선을 드러내는 한편으로

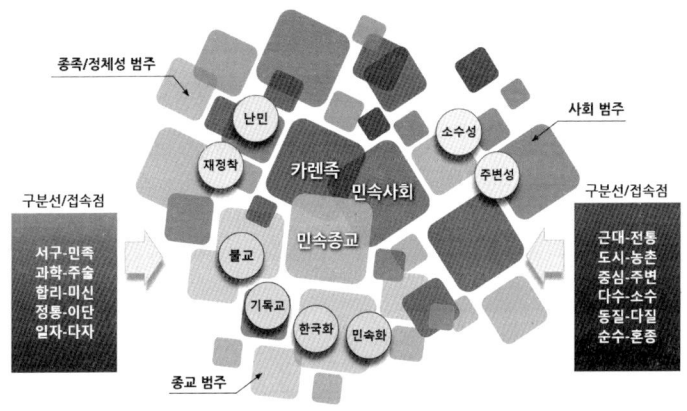

<그림 3> 재정착 난민 한국 카렌족 공동체문화와 민속연구영역의 중첩 양상

그것을 통해 연구 영역들에 접속할 수 있는 지점을 마련한다.

한국사회에 진입한 카렌 난민들의 존재 양상은 공동체와 타자에 대한 문제를 분명하게 확인할 수 있는 사례로 관찰된다. 이를 공동체 문화 연구의 일환으로서 민속학적으로 접근하였을 때, 기존의 연구 영역으로부터 새로운 의미들이 도출되었다. 즉 현대 한국사회의 재정착 난민들로부터 포착되는 현상과 그 양태들을 그것이 놓인 사회생태적 환경과 민속사회, 민속종교를 경유하는 경로로 접근하였을 때 각기 접속하는 영역으로부터 새로운 문제설정이 가능해지고 또 그로부터 새로운 의미들이 도출되는 것을 확인할 수 있었다. 그 의미들은 다시 민속학 연구로 수렴되는 것으로 여겨진다. 이 장에서는 이 연구가 갖는 의미를 민속학 연구에서 비가시화된 존재를 드러내는 것, 그리고 민속학 연구에서 문제 영역을 다층·다원화

하는 것으로 크게 두 가지로 나누어 살피고 그 가능성들을 타진해보
고자 한다.

1. 부재하는 타자 혹은 예외적 존재의 현존과 복권

그간 민속연구 대상의 범주는 주로 한국인이거나, 민족적 공통성 혹은 가족주의적 시선에서 한국사회로 합일될 수 있는 개체와 전통적 민족 정체성을 뒷받침하거나 그에 연관되는 현상이 중심이 되어 왔다. 자연스레 민속학의 연구 범위를 한정적으로 규정짓는 이런 시각은 결국 획일된 문화, 하나의 개념적 동질성으로 수렴되는 문화를 상정하게 만들 위험성이 있다는 생각으로부터 연구자의 문제의식이 착상되었다. 만약 중심적인 어떤 실체를 상정한다면 상대적으로 소수이거나 중심에 덧붙여지는 요소들은 그 중심으로 수렴되며 코드 변형되어 실체의 어떤 내재적 속성을 지속가능하게 만드는 것으로 여겨진다.

민속사회는 특히 근대를 기점으로 하여 그 이전에 존재했던 것, 그리고 근대의 특성들을 나타내는 현상들 사이에서 잔존한 문화들을 현상적인 특징으로 삼아 정의되곤 하였는데, 이는 도시와 농촌의 구분에서도 비슷한 양상으로 적용되었다. 즉 민속사회는 크게 중심과 주변을 상정하고 그로부터 근대-전통, 도시-농촌, 다수-소수, 동질-다질과 같은 구분선을 통해 그 현상을 특정해나가는

방식 속에서 이해된다. 그러나 현재의 사회구조는 단일문화나 하나의 민족 등 동질성으로 이해할 수 없는 것이 되었다.

예를 들어 본문에서 기술한 재정착 난민의 경우, 국제적 정세와 합의 속에서 한국의 정책을 경유해 사회구성원으로 받아들여졌다. 또, 최근 농번기 일손을 돕기 위해 여러 지자체에서는 '계절근로자' 제도를 운용하며 이주노동자를 데려와 한시적으로 관내 농촌의 노동력을 확보하고 있다. 고용허가제 쿼터를 통해 국내에서 일하고 있는 이주노동자 역시 한국 사회의 노동력을 보충한다. 그로 메꾸어지지 않은 노동력은 다양한 경로로 국가의 제도적 범주를 벗어나 미등록이주노동자로 일하는 이들로 충당된다. 3장에서 이산과 이주의 정치학에 대해 논의하였듯 이와 같은 전 세계적인 노동 분업체계와 신자유주의 체제는 각 지역에 영향을 미치고 있다.

세계화된 자본주의는 제국주의처럼 작동한다. 싼값의 노동력을 제공할 수 있는 지역의 생산품과 서비스는 국제적 가치사슬에 연동되어 다른 지역에서 차익을 발생시킨다. 각 지역의 발전 정도와 경제 수준에 따라 매겨지는 노동 가치는 거대한 규모의 세계시장에서 하나의 상품으로 기능한다. 현재 저임금과 기피되는 업무 환경에 이주노동 쿼터를 허가하거나 계절노동자를 적극적으로 활용하고 있는 한국사회와 그 구성에도 이러한 영향이 미치고 있으며, 이와 같은 이해 속에서 이 체제를 민속사회와 연동된 것으로 특성화할 수 있을 것이다. 따라서 서론에서 밝힌 것과 같이 현재의 민속사회를 전 지구적 자본주의 체제와 연동된 것으로 생각하며, 다양한 이주 배경을 가진 이들이 포함된 것으로 고려할 수 있다.

현 상태에서 복합하게 구성되는 민속사회를 단일문화로 해석할 수는 없을 것이다. 마찬가지로, 현재 민속사회의 현상에서 민속적 의미는 그간의 전형적 민속연구 관점에서 접근될 수 없다. 그간 한국사회에 종속적으로 연관되거나, 기존의 사회질서에 동화되는 존재로서 주목받았던 이주민에 대한 이해 역시 현상의 다층적인 접근을 통해 이루어져야 할 것이다. 이 접근은 앞서 개괄한 중심주변과 같은 구분선들, 즉 근대-전통, 동질-다질, 순수-혼종과 같은 구분선들을 <그림 3>과 같이 펼쳐놓으며, 구분된 개념들을 맞닿는 접점들로 재구도화할 때 그 가능성을 가늠해볼 수 있다.

이 연구에서 재정착 난민 한국 카렌족은 난민과 재정착이라는 상태를 경유하며 한국사회의 관계 안으로 들어와 정체성을 재차 정립하는 것으로 분석되었다. 구분의 경계지대에서 연쇄·연합하는 변이로 차이를 발산하는 난민은 개별자이자 집단으로서 민속사회의 변이와 확장에 관계하는 존재로 위치되고, 이러한 포착은 그간 민속연구의 장에서 타자로 배제되었던 이들을 복권하는 효과를 지닌다. 즉, 이 연구는 동시대에 함께 살아가고 있으나 지금껏 비가시화되어 있던 난민이라는 예외적 상태의 존재를 살핌으로써 민속사회 안 타자의 현존을 드러낸다.

민속사회의 영역과 카렌족 공동체문화를 연결할 때 더욱 가시화되는 구분 범주인 소수성과 주변성은 민속학 영역 속에 수렴되며 새로운 연구 관점을 도출할 수 있는 기반을 마련한다. 이 연구는 재정착 난민 한국 카렌족과 카렌족의 공동체 문화를 중심으로 하여 그동안 민속학의 연구 영역에서 빗겨있던 타자인 난민의 존재를 민속학의 영역과 경로 안에서 살피고, 기존 영역과 접속이 가능한 지대를 밝히고 마련했다. 실제 연구 사례의 자세를 통해 가능한 연구 영역들을 추가·보충하여 제시하는 것으로 기존 민속학의 경계를 확장한다는 점에서 이 연구의 또 다른 의미를 찾을 수 있을 것이다.

2. 문제 영역의 다층화와 관점 혹은 입장의 다원화

위 <그림 3>에서 나타낸 것과 같이 민속이 중첩되는 다수의 구분선을 지니고 있다고 생각될 때 민속학 연구의 문제 영역은 다층적으로 풀이되고 접근되어야 하는 것이 된다. 구체적으로, 민속을 동질적 문화에 대한 것으로 사유하거나 본질적인 중심을 상정하고 그에 수렴하려는 경향에 빠질 때, 실제 현상을 다각도에서 살피지 못하게 되거나 문제설정 영역이 축소될 수 있음을 인지할 필요가 있다. 이때 <그림 3>과 같이 민속사회의 연구영역과 현상에 존재하고 있는 구분선들은 다수, 동질, 순수와 같은 한쪽 면을 소수, 다질, 혼종과 같은 면으로부터 유리하지만, 드러난 경계의 구분선은 접속할 수 있는 지점으로도 전유되면서 그 특성들이 민속사회 안에서 옮겨 다닐 수 있도록 한다. 즉 한 쌍의 개념을 가르는 구분선은 곧 두 영역이 맞닿는 접속점으로 생각할 수 있다.

재정착 난민 한국 카렌족은 대개의 경우 소수자, 혹은 소수

세력으로 분류되면서 사회구조의 주변부에 배치되었다. 그러나 특정한 국면들과 범주 설정에 따라 이들은 다질적인 존재이면서 정체성이나 민족 등으로 표상되는 동일성의 측면으로 해석되기도 하고, 부각된 동일성으로 인해 순수한 존재로 표상되는 한편으로, 이산과 이주, 재정착을 거듭하며 마주친 환경과 문화를 통해 혼종적인 상태를 정립하는 것으로 해석되기도 했다. 이러한 혼종성은 카렌족의 기독교 의례문화에서도 유사한 양상으로 관찰되었다.

재정착 난민 한국 카렌족의 종교생활에서 기독교 종교의례는 전혀 다른 형식이나 가치들이 절합되거나 공존하며 변환되는 양상을 보인다. 예컨대, 비근대에서 수행된 애니미즘과 샤머니즘, 구전된 신화, 주변국들의 불교문화와 천년왕국적 전통들의 영향, 그리고 역사적 맥락이 뒤섞인 카렌족의 기독교는 그 안에 민족주의적 가치와 민속종교 행위자의 생활세계를 반영한다. 이런 카렌족 기독교는 난민의 상태에서 외부의 박해에도 불구하고 그 순수성과 정통성을 담지한 것으로 간주되어 카렌 난민 캠프를 방문하는 선교단체들에게 신앙의 귀감이 되거나, 사회구조 안 계층과 종족 등으로 격절되는 다기한 상황들에서 때에 따라 단일종교 외부의 것을 흡수하고 반영한 혼합주의적 이단으로 설정된다.

민속종교는 민족의 정통성을 담지한 민중의 종교문화라는 이념으로부터 비롯하는, 특수하지만 보편적인 종교문화를 구성하는 것이면서, 그 특수성으로 인해 서구 지배 종교의 틀 안에서 정통성과 순수성을 잃고 이단화되는 것으로 상정되어 복잡한 구분선이자 접속점을 부여받는다. 예를 들어 무속은 조선시대에 음사로, 근대 초기에는 비과학적인 미신으로 취급되어 당대 문화장에서 배제되어야 할 폐풍으로 여겨졌다.[1] 한국인들의 삶과 가까운 영역에서 일상적 종교문화로 위치하던 무속은 근대적 사고방식을 통해 비과학적이고 불합리한 행위로 취급되고 사회로부터 근설되어야 할 풍습으로 진단되었다. 근대적 사고방식이 지배적인 상황에서 주류 종교 문화는 서구화된 종교 문화의 합리성이나 체계적인 지식으로서 과학과 같은 측면을 지니고 있음이 부각된다. 이와 같은 인식 속에서 합리화되고 체계적인 교리를 지닌 지배 종교의 가장자리에 배치된 습속 혹은 생활의 종교 문화로서 민속종교는 그와 구분되는 미신과 주술적인 특성들을 지닌 것으로 여겨졌다.

이러한 복합성과 혼종성을 포괄하여 현재의 민속종교를 사유하기 위해, 이 연구에서는 민속종교를 본문의 서두에서 언급된 싱크리티즘, 즉 서로 다른 특성들이 함께 존재할 수 있는 성질을 지닌 것으로서 이해했다. 생활문화와 밀접한 관련을 맺는 민속종교는 사회구조가 변화함에 따라 달라지는 문화 환경 안에서 내외부적인 변화와 생성들로부터 영향을 받는다. 다시 말해 변화하는 문화장 안에서 민속종교 현상을 연구할 때, 민속종교 현상은 설정된 경계들과 이원론 사이를 유동하고 빠져나가면서 혼종적 특성을 함축한다. 따라서 민속종교 현상을 연구할 때 그 형식보다는 현재 그 구성원들

---

[1] 무속을 비롯한 민간신앙에 대한 근대 초기 한국사회의 지배적인 시각에 대해서는 이용범, 「무속에 대한 근대 한국사회의 부정적 시각에 대한 고찰」, 『한국무속학』 제9집, 한국무속학회, 2005, 151~179쪽을 참조.

이 실행하고 있는 신앙의 양태에 주목할 필요가 있다.

카렌족의 기독교 의례문화는 단일한 종교적 표상으로 존재하는 한편, 그 집단의 과거로부터 수행된 민속종교와 신앙과 더불어 재정착하며 마주한 한국사회의 환경과 때마다 조응한다. 그 모든 시간 안에 끼어들어 가는 것으로서 카렌족의 기독교 의례문화는 복합성을 지닌다. 이 연구에서 카렌족이 제국주의 식민체제에서 서구 개신교 선교사들과 접촉하며 기독교도가 되고, 다양한 의미망 안에서 유지된 카렌족의 기독교가 주변 국가의 국교인 불교의 영향력으로부터 교섭하고, 또 그것이 한국과 연결되면서 한국화·민속화되는 현상을 통해 민속종교가 맞이하는 국면에 따라 이질성을 내부에 접어가며 새로운 형태로 이행하고 또 변환하는 모습을 확인할 수 있었다. 본문에서는 그 내용을 2장에서 카렌족의 기독교도-되기의 경로 파악을 통해, 3장에서 한국에 재정착한 난민들의 종교생활을 중심으로, 4장과 5장에서는 한국화된 의례가 지니는 효과들과 종교를 매개로 한 관계의 변이를 중점적으로 살펴 카렌족 난민이 수행하고 있는 종교의 양태를 복합적으로 포착하고 있다. 내용의 요지를 정리하자면 다음과 같다.

일부 카렌족이 기독교도로서 스스로를 정체화하기 시작한 시기는 이들이 서구 식민국으로부터 유입된 기독교와 마주하면서 시작된다. 산악지대에 거주하던 카렌족은 천년왕국적 이상을 지닌 내러티브를 구전했다. 카렌족에게 기독교의 신적 존재는 구전 속 절대적 존재 "유와Ywah"와 흡사한 것으로 여겨졌다. 카렌족의 삶과 행위와 맞닿은 기독교는 변형을 거치며 때마다 다른 형태와 의미를 나타내게 되었다. 본문에서는 카렌족이 기독교도가 되어가는 과정에서 이들의 정치적 상황을 반영하는 의례의 형식과 내용을 사례 중 하나로 들었다.

　난민으로서 카렌족은 기독교 의례문화를 통해 정체성을 재생산하거나 종족성을 확장하면서 의례문화에 행위자들의 욕망을 투영한다. 그 욕망은 의례를 통해 다시 발산되는 것이 특징적이다. 기독교도들에게 가해진 박해와 소수민족으로서 핍박받은 역사, 천년왕국적 이상과 독립 국가에 대한 열망은 카렌족 난민의 기독교 의례문화에서 긴밀히 결합한다. 난민 캠프 안의 신학교는 종교적 신앙을 기반으로 삼는 교육기관이자 다른 캠프들과 연합하거나 캠프 밖과 접촉하는 창구로 기능했다. 기독교도 카렌족은 공식적으로 카렌족의 언어를 학습할 기회가 주어지지 않는 상황에서 고유 언어를 공유·사용할 수 있는 공간으로 교회를 이용했다. 재정착 난민 한국 카렌족 역시 교회에서 다음 세대를 향한 언어교육을 수행하고 구성원들의 결속력을 높인다.

　특히 재정착 난민 한국 카렌족의 기독교 의례문화에서 관찰되는 특징은 미얀마, 태국 혹은 난민 캠프에서 이루어지던 의례문화가 한국의 환경에서 변화한 모습을 갖는 것이다. 이들의 의례문화는 큰 틀에서 기독교라는 종교범주를 공유하고 있다. 그러나 난민으로서 카렌족은 기존 한국사회의 규범을 불안하게 만드는 존재이며, 이들의 의례문화 수행은 여러 갈등을 촉발했다. 이 갈등은 종교행사를 진행할 공간을 대여하는 과정에서 혐오 표현으로 현시되기도, 카렌족 유소년에 대한 또래들의 적대로 나타나기도 했다. 이를 해결하기 위해 재정착 난민 한국 카렌족은 새로운 의례의 형식을 만들어내거나 종교적 가치 설파를 통해 갈등을 봉합한다.

이때 한국에서 펼쳐지는 카렌화된 기독교 의례문화가 한국의 환경에 맞추어 난민공동체의 정체성을 (재)생산하고 결속시키는 방식이 변형되어 전개되고 있다는 것 외에도 주목되는 점이 있다. 그것은 바로 이 의례문화가 이미 한국사회에 수용되어 있는 상태라는 점이다. 앞서 언급한 바 있듯이 재정착 난민 한국 카렌족의 의례는 □□교회에서 진행되는 일요일의 의례 구성 중 하나로 포함되어 있다. 한국에 자리잡고 있는 카렌족의 기독교 의례문화는 현재 한국의 종교의례문화에 틈입해 일상 속에서 이들의 기독교 문화를 수행하고 있다고 할 수 있다. 이런 이해 속에서 재정착 난민 한국 카렌족의 종교생활을 한국의 종교의례문화의 한 현상으로서, 또 카렌족이 한국사회의 구성원으로 배치되는 과정에서 한국 종교의례문화를 다층화하는 생성·변환의 한 결절이 되는 것으로 생각할 수 있다.

카렌화된 기독교 의례문화의 한국적 수용은, 이를 전승하는 신앙적 존재들이 난민으로서 한국에 정착하여 기독교 카렌 문화를 수행하는 것으로 인해 한국기독교 문화의 한 결절이 되어 다른 종교의례문화들과 절합된다. 즉 한국 종교의례문화는 확장성을 지니고 있으며, 한국에서 수행되는 카렌족의 기독교 의례문화는 이에 엮여 한국 종교의례문화를 혼종화·다층화한다.

현재 민속종교의 장은 가톨릭과 개신교로 대표되는 한국 기독교 민속 등을 포함하는 외래적인 종교문화와 섞여 구성된 혼종화된

지층으로 존재하는데, 카렌화된 기독교 의례문화는 이것에 틈입하여 지금도 진행 중인 민속종교의 변화를 표현한다. 따라서 이 연구를 하나의 예시 사례로 삼고 민속종교의 현재성과 혼종성을 드러내는 재정착 난민 한국 카렌족의 공동체문화를 통해 민속종교와 민속사회가 지니는 구분선/접속점들을 포착함으로써, 이로부터 추상된 민속학 연구의 관점과 문제설정을 다층·다양화하는 것으로 연구의 새로운 가능 영역을 더듬어볼 수 있겠다.

7

공동체의 이산집합,
경계의 타자와 정동의 윤리

이상으로 미얀마와 태국 국경지대의 난민 캠프에서 거주하던 카렌 난민이 한국으로 재정착하기까지의 과정을 살피고, 난민의 발생과 이주, 재정착 국면에 나타나는 특이성을 들뢰즈의 '되기' 개념을 중심으로 하여 공동체의 이산과 정동이라는 주제로 접근해 보았다. 미얀마 카렌족 난민을 이해하기 위해 우선 난민의 발생과 관련한 역사와 사회생태를 살펴 밝힌 내용은 다음과 같다. 미얀마는 국가 건립 이후에 계속된 민주화 운동과 친군부 쿠데타로 혼란한 사회적 문제 상황에 놓여있으며, 민족주의에서 발흥한 국가 건립으로 인해 미얀마 내 소수종족과의 관계에 지속적인 마찰이 있었다. 영국이 하부 버마를 식민지화하기 전, 고원지대에 거주하던 카렌족이 주위 평지 국가의 전쟁에 차출되며 고통받던 시기에 카렌족의 종족성은 해방의 창구로 카렌족 간 유대를 두텁게 하기 위한 자원으로 부각되었다. 카렌족은 영국의 식민행정에서 행정관료 역할을 담당하며 버마족과 갈등을 키워왔다. 그러나 카렌족은 미얀마 정부와 대립하며 국가체제 설립에 실패했고, 이는 대규모 난민 발생의 원인이 되었다.

카렌족이 태국과 미얀마 국경의 난민 캠프에 자리잡게 되기까지의 과정에서, 이산과 집합을 거듭하며 종족성으로부터 탈주와 재영토화를 반복한 카렌족의 정체성은 단일하게 규정될 수 없다. 이때 카렌족으로 표현되는 특질은 특정한 국면마다 조우한 마주침을 통해 끊임없이 변용함으로써 차이를 생성하는 관계를 맺는 것으로 이해할 수 있다. 이 과정에서 개신교와 관계 맺는 카렌족은 교회를 의례 수행을 통한 신앙의 표현과 더불어 종교를 매개로 한 언어 학습, 카렌족 간 교제를 실현할 수 있는 장소로 활용했다. 카렌족의 종교는 난민 캠프 안 리더십 문제, 캠프를 넘어선 카렌족 조직화를 꾀할 수 있는 경로로 활용되거나 교육 한계를 넘어설 수 있는 조건이 되기도 한다.

이어, 난민 발생의 배경에는 복합적인 요인이 작용하고 있으며, 그중 카렌족의 이산과 이주의 요인 가운데 하나로 19세기 산업발전으로부터 시작되어 전 세계적인 하나의 정치 체제를 형성한 제국주의가 관련되어 있음을 밝히는 작업을 수행했다. 식민권력은 지역 경제를 자본주의적 생산양식으로 변형하였다. 이 시기 식민권력에 대항하는 동력과 불만들의 구심점 역할을 한 민족주의는 버마족을 중심으로 국가 미얀마의 독립을 이루어냈다. 그러나 미얀마의 다수를 구성하는 버마족에 비해 상대적으로 소수민족이었던 카렌족의 민족주의 역시 자신들의 영역과 자치권을 주장하는 언어로 기능하며, 카렌족의 디아스포라로 이어지는 무력분쟁과 갈등이 지속되었다. 세계화된 자본주의의 형상으로 국제적 분업과 공모하는 제국주의 체제에서 이들은 노동과 경제 활동을 통해 그 존재를 지속해야만 했다. 그러나 이들은 국가 없는 자로서 벌거벗은 취약한 존재로, 열악한 노동 환경에 노출되며 경계와 낙차를 따라 흘러가야만 하는 상황에 놓였다. 결과적으로 난민 발생과 정착, 재정착 등이 경유하는 이산과 이주의 경로에는 자본과 제국주의적 조건들과 정치가 지속적으로 간섭하는 것으로 파악할 수 있었다.

다음으로 한국에 재정착한 카렌 난민의 사례를 통해 재정착 카렌 난민들이 카렌이라는 민족적 분류로 인해 국가 없는 자가 되면서, 국가 없는 자이기에 난민 신분으로 한국사회에 진입할 수 있었다는 점, 그리고 카렌 난민이 한국에서 경험하는 마주침들로부터 어떤 집단에 상정된 경계들을 넘나드는 현상으로부터 범주화의 유동성을 도출했다. 범주화라는 것은 언제나 어떤 경계를 설정하는 것으로, 기존의 질서에 합치되지 않는 존재로서 카렌족은 한국 내부에서 행사되는 힘들, 즉 배제와 포섭의 영역과 교섭하게 된다. 결과적으로 한국사회의 내부자이면서 외부자의 위치를 갖게 되는 카렌족은 배제와 횡단의 서사에서 파생된 결과로서 그 자체로 현재의 존재 조건을 현현하며, 경계의 안과 밖, 그리고 그 사이의 것들을 드러낸다.

그간 사회에서 드러나지 않았던 경계를 내보이는 것으로서 '난민-되기'를, 본 연구에서는 사회극의 개념을 적용하여 분석했다. 의례

구조로서 사회극의 연구 틀은 특히 사회관계의 역동을 분석하고, 난민-되기 중에 나타나는 체제의 반反구조를 포착하려는 시도에 유용하기 때문이다. 난민-되기의 개별 사례들은 일상적 공간 안에서 개인 혹은 집단의 사회극 서사를 나타내며, 이를 통해 집단의 서사를 체화한 존재인 개인의 기억에서 구체적인 방식으로 표현된 사회구조의 모순을 확인할 수 있다.

중첩된 다발적 난민-되기는 그것이 가시적이든, 잠재적이든 항상 갈등을 필수적으로 수반하는 것으로 나타났다. 다시 말해, 사회극이 함축하고 있는 기능과 재통합의 국면에도 불구하고 한국사회에 들어선 카렌족은 그 자체로 또 다른 위반의 상황을 잠재한다고 볼 수 있었다. 난민의 등장은 어떤 집단의 구성원들에게 이산을 목도하고 인식하게 만들어 정례적인 사회관계를 흩뜨리고 이미 존재하고 있는 규범에 의문을 던지기 때문이다. 난민-되기의 사회극은 재통합으로 귀결되어 어떤 분열을 사법적 과정을 통해 봉합하거나 분열을 인정하는 것으로 안정을 되찾을지라도, 그 과정에서 나타난 사회구조와 관계에 던져진 물음은 여전히 잠재된 것으로서 다시 어떤 우발적 상황에서 위반의 계기로 작동할 수 있다.

그러나 이러한 '난민-되기'의 위기 국면에서, 여러 관계의 사회적 규모와 집단들의 변화, 사회적인 위치의 변화는 난민을 타자화시키는 결과를 낳기도 한다. 난민은 사회적 갈등이 촉발되기 시작할 때 변별점을 지닌 존재로서 항상 더 큰 대립항을 지니는 소수적인 위치를 차지하고, 규범적 사회관계의 파기 안에서 사회적 소수집단으로 분류된다. 이런 특징은 난민이 희생제의의 희생양으로 선택될 수 있는 잠재성을 보유한다. 필요에 따라 때로는 적극적인 방식으로 주변부화된 난민은 언제라도 공동체 바깥의 외부자, 혹은 주변을 오염시키는 오점으로 호명될 수 있게 배치된다. 즉 난민은 갈등의 서사구조 성립을 위한 안타고니스트이자 희생양으로서 규정되어 사회 내부의 적대를 흐리게 만들거나, 균열된 사회적 적대의 지형을, 예컨대 '국민'이라는 범주로 통합하게 만드는 정치적 배제와 포섭의 요소로서 존재한다.

그러나 이러한 외부적 압력에도 불구하고, 난민-되기는 난민이라는 존재를 이분법적 견지에서 정의하는 것이 아니다. 난민-되기의 과정에서 출현하는 반反구조는 기존 사회의 모순을 해소할 수 있는 대안적 측면을 내재하고 있다. 난민-되기는 사회의 여러 단위 사이에서 자신의 존재를 확립하는 양식으로, 전이의 순간에 체제의 반反구조를 드러내고 기존 사회구조와 체제를 식별하도록 만든다. 난민은 되기의 이행 중에 기존 사회의 관계로 규정되지 않는 위치를 차지하고 그 관계 구획에 의문을 던지지만, 새로운 사회적 범주로 다시 포획되고 주변화되는 과정을 연속한다. 체제를 지지하는 담지자로, 또 대안성을 지닌 존재로서 난민은 과정상, 국면 상 변화하는 존재적 특성을 지니고 있다는 점에 주목할 필요가 있다. 주변부에 배치되었으나 잠정적으로 모순을 담지하고 있는 난민의 존재는 잠재적으로 체제의 경계들을 위협하고 교란하는 속성을 체현한다.

한편 한국의 언론 수행과 구조화된 담론으로 인해 한국사회에서 등장한 난민은 혐오와 공포, 동정 따위의 정동을 지녀야 할 위상의 존재로 연결되었다. 이런 정동은 보편성을 근거 삼아 판단의 기준이나 통치의 원리를 정당화하는 체계로 이어진다는 점에서 슬픈 정동들, 나쁜 마주침으로 이해된다. 기쁜 정동으로 계속적인 변용을 일으켜 존재를 지속하고 확장하는 것으로서 윤리학을 파악할 때, 우리는 이와 같은 관계를 반反윤리적인 것으로 생각할 수 있다. 그러나 카렌족 난민이 언론이 구조화한 것과 다른 한국의 생활세계 안에서 관계양상과 욕망, 자신의 존재 역량의 변화를 나타내는 실제 현상들을 분석하여 이들이 변용 능력의 상승을 통해 존재 능력을 확보·확장하는 사례를 실증적으로 확인하고, 긍정성을 담지한 주체의 확장 가능성을 살필 수 있었다.

이로부터 도출된 '난민-공동체-되기'의 민속적 의미와 연구 의의는 다음과 같이 정리할 수 있겠다. 우선, 재한 카렌족의 이주와 정착 과정을 탐색하는 이 연구는, 그간 민속학의 연구주제에서 빗겨있던 난민을 문제영역으로 삼아 민속학의 외연을 확장하려는 시도였다. 민속학의 연구 영역은 그간 사회·문화적 변동에 조응하여 그 영역을 확장해왔으나, 난민이라는 예외적 상태에 대한 연구는 아직 부재했다고 할 수 있다. 이 연구는 그간 연구 차원에서 민속사회를 구성하고 있으나 경향적으로 비식별 지대에 놓여있던 존재를 가시화하며 민속학의 사회적 연구 부문의 현재성을 담고 관계망 안 타자의 현존을 밝혀 타자와의 공존을 문제 삼는다.

또한, 카렌족을 민속학 연구 영역에서 다룰 때 민속사회와 민속종교의 범주와 카렌족의 종족 정체성 범주가 중첩되며 뚜렷하게 관찰되는 민속연구 영역의 구분선들이 있다. 이 연구의 대상이 경계들 사이에서 유동하거나 이원론 사이를 빠져나가는 것으로서 혼종적 특성을 함축하는 현상으로부터, 민속현상에서 '민속'이라고 불리는 것들이 중첩하여 갖는 구분선들의 복합성과 다층적인 면을 포착할 수 있었다. 따라서 이 연구는 민속연구에 있어 문제 영역과 관점을 다층·다원화할 필요성을 밝히고 새로운 가능 영역을 구상할 수 있는 발판으로서 기능할 수 있다는 의의가 있으며, 실제 연구 사례를 제시하여 기존 민속학의 경계를 확장한다는 점에서 그 의미를 찾을 수 있다.

이 연구는 향후 연구대상과 영역을 다양화하는 작업은 물론, 이 연구에서 시도된 이론적 문제설정 또한 다각화하는 연구로 진척될 필요가 있다. 재정착난민으로서 한국 카렌족의 사례 연구라는 한정적인 범위를 넘어, 그와 같거나 다른 주변부 경계지대의 존재나 공동체에 대한 관심으로 확장하여 한국 민속이 한 현상으로서뿐만 아니라 한국 민속학의 이론적 구성물로서 제자리를 잡게 하는 확장된 연구와 지속적인 관심이 필요할 것이다.

참고문헌

저서

김은주, 『여성-되기』, 에디투스, 2019.
로버트 J. C. 영, 김택현 옮김, 『포스트식민주의 또는 트리컨티넨탈리즘』, 박종철출판사, 2005.
르네 지라르, 김진식 옮김, 『그를 통해 스캔들이 왔다』, 문학과지성사, 2007.
비린더 S. 칼라 · 라민더 카우르 · 존 허트닉, 정영주 옮김, 『디아스포라와 혼종성』, 에코리브르, 2013.
비자이 프라샤드, 박소현 옮김, 『갈색의 세계사』, 뿌리와 이파리, 2015.
빅터 터너, 강대훈 옮김, 『인간 사회와 상징 행위』, 황소걸음, 2018.
빅터 터너, 박근원 옮김, 『의례의 과정』, 한국심리치료연구소, 2005.
이경원, 『검은 역사 하얀 이론』, 한길사, 2011.
이진경, 『역사의 공간』, 휴머니스트, 2010.
제임스 C. 스콧, 이상국 옮김, 『조미아, 지배받지 않는 사람들』, 삼천리, 2015.
조르조 아감벤, 박진우 옮김, 『호모 사케르』, 새물결, 2008.
조일준, 『이주하는 인간, 호모 미그란스』, 푸른역사, 2016.

질 들뢰즈·펠릭스 가타리, 김재인 옮김, 『천개의 고원』, 새물결, 2001.
Roberto Esposito, *Communitas: The Origin and Destiny of Community*, trans. Ti-mothy Campbell, California: Stanford University Press, 2010.
_____, *Terms of the Political: Community, Immunity, Biopolitics*, trans. Rhiannon Noel Welch, New York: Fordham University Press, 2013.

논문

가야트리 차크라보르티 스피박, 태혜숙 옮김, 「서발턴은 말할 수 있는가?」, 로절린드 C. 모리스 엮음, 『서발턴은 말할 수 있는가?』, 그린비, 2013.
강정원, 「다문화시대의 구비문학 연구」, 『구비문학연구』 26, 한국구비문학회, 2008.
권오경, 「다문화사회 통합을 위한 민요의 역할과 방향」, 『한국민요학』 30, 한국민요학회, 2010.
김면, 「국내 거주 조선족의 정체성변용과 생활민속의 타자성 연구」, 『통일인문학』 58, 건국대학교 인문학연구원, 2014.
김명주, 「'동일성의 공동체'의 불가능성에 관한 성찰: 면역의 정치철학을 위한 모색」, 『인문과학』 114, 연세대학교 인문학연구원, 2018.
김명자, 「가신신앙과 외래종교의 만남」, 『민속문화가 외래문화를 만나다』, 집문당, 2003.
김선풍, 「수륙대재와 민간신앙의 습합양상」, 『강원민속학』 26, 아시아강원민속학회, 2012.
김영수, 「한국 가톨릭의 신앙행위와 민간신앙적 요소의 상관성 연구」, 편무영 외 지음, 『韓國宗敎民俗試論』, 민속원, 2004.
김영자, 「농촌지역 여성 결혼이민자의 전통무용 체험 분석」, 『예술교육연구』 6, 한국예술교육학회, 2008.
김태곤, 「巫俗과 佛敎의 習合」, 『한국민속학』 19, 한국민속학회, 1986.
김홍진, 「이주노동자들의 공동체」, 『문화과학』 52, 문화과학사, 2007.
나수호, 「다문화 사회에서의 정체성과 구비문학」, 『비교문화연구』 49, 서울대학교 비교문화연구소, 2018.
나정순, 「『시용향악보』소재 〈성황반〉〈나례가〉의 무불 습합적 성격과 연원」, 『대동문화연구』 87, 성균관대학교 대동문화연구원, 2014.
문기홍, 「군부 권위주의 체제와 민주화: 미얀마의 민주화 과정과 민주주의 후퇴 현상을 중심으로」, 『아시아리뷰』 11, 서울대학교 아시아연구소, 2021.
박봉수·김영순, 「카렌족 재정착 난민의 이동과 적응 경험에 관한 연구」, 『디아스포라 연구』 13, 전남대학교 세계한상문화연구단, 2019.
박장식, 「미얀마 군부 지배의 역사적 고찰: 그 정치 동력의 구조」, 『역사비평』 136, 역사비평사, 2021.
방원일, 「한국 기독교의 혼합주의, 혼합현상」, 『기독교사상』 710, 대한기독교서회, 2018.
성치원, 「중국동포 노인의 일상생활에 대한 재해석」, 『민속연구』 35, 안동대학교 민속학연구소, 2017.
_____, 「중국동포의 '제기놀이'에 관한 사례연구: 신대방제기협회를 중심으로」, 『실천민속학연구』 31, 실천민속학회, 2018.
안혜경, 「마을신앙과 외래종교의 만남」, 『민속문화가 외래문화를 만나다』, 집문당, 2003.
엄은희, 「장기화된 미얀마 위기, 중층적으로 읽기」, 『황해문화』 111, 새얼문화재단, 2021.
유혜윤, 「전통문양을 활용한 다문화 미술활동의 효과」, 덕성여자대학교 석사학위논문, 2003.
윤인진, 「한국적 다문화주의의 전개와 특성」, 『한국사회학』 42(2), 한국사회학회, 2008.
_____, 「한국적 다문화주의의 전개」, 『국토』 2010년 4월호, 국토연구원, 2010.
이미영, 「여성결혼이민자를 위한 문화교육 방안」, 선문대학교 석사학위논문, 2011.
이복규, 「한국 개신교의 특이현상들에 대응되는 민간신앙적 요소들」, 편무영 외 지음, 『韓國宗敎民俗試論』, 민속원, 2004.
이상국, 「백인 구원자와 카렌족: 현실이 된 카렌족 신화」, 『한국문화인류학』 43(1), 한국문화인류학회, 2010.
_____, 「또 다른 식민성: 버마 종족 관계의 역사적 전개와 카렌족의 식민성 형성에 관한 연구」, 『동남아시아연구』 22(1), 한국동남아학회, 2012.

_____, 「태국 거주 미얀마 카렌족 난민의 생계추구 양상에 관한 연구: 국가, 국제구호기구, 지역사회 간의 관계를 중심으로」, 『동남아연구』 22, 한국외국어대학교 동남아연구소, 2012.

_____, 「상상의 공동체에서 네트워크 공동체로: 카렌족의 사례를 통한 베네딕트 앤더슨의 민족주의론 비판적 검토」, 『동아연구』 35(2), 동아연구소, 2016.

_____, 「비슷하되 같지 않은 길: 재한 미얀마 카렌족 공동체의 형성과 발전」, 『동남아시아연구』 26, 한국동남아학회, 2016.

이성희, 「다문화사회에서 상호문화능력 신장을 위한 한국 민속 교육의 설계」, 『한국민족문화』 43, 부산대학교 한국민족문화연구소, 2012.

_____, 「개신교 세시 풍속 사례 연구」, 『한국민속학』 59, 한국민속학회, 2014.

이영배, 「공동체문화 연구의 패러다임 모색」, 국립안동대학교민속학연구소 공동체문화연구사업단 엮음, 『구상과 영역들』, 민속원, 2020.

이옥희, 「이주민이 경험하는 민속문화 소통의 현주소와 전망」, 『남도민속연구』 23, 남도민속학회, 2011.

이용범, 「무속에 대한 근대 한국사회의 부정적 시각에 대한 고찰」, 『한국무속학』 9, 한국무속학회, 2005.

이재각, 「국가권력에 대한 지역사회의 저항과 공동체의 동향: 경북 성주군 소성리의 사드반대운동 사례」, 안동대학교 석사학위논문, 2021.

이종원, 「희생양 메커니즘과 폭력의 윤리적 문제」, 『철학탐구』 40, 중앙대학교 중앙철학연구소, 2015.

이준성·정한웅, 「미얀마 군부의 로힝자족 탄압과 대응방안」, 『한국사회과학연구』 39, 계명대학교 사회과학연구소, 2020.

이진교, 「지역밀착형 다문화모임과 혼입여성의 한국사회 적응」, 『민속연구』 34, 안동대학교 민속학연구소, 2017.

_____, 「투쟁 공동체에서 풀뿌리 공동체로-경북 영양군 귀농·귀촌인 한 모임에 대한 민족지적 연구」, 『비교민속학』 70, 비교민속학회, 2019.

임재해, 「다문화주의로 보는 농촌의 혼입여성 문제와 마을 만들기 구상」, 『민속연구』 18, 안동대학교 민속학연구소, 2009.

_____, 「다문화사회의 재인식과 민속문화의 다문화주의 기능」, 『비교민속학』 47, 비교민속학회, 2012.

장준영, 「로힝자족 문제와 국제관계의 동학: 이해당사국의 대응과 국가이익」, 『아시아연구』 22, 한국아시아학회, 2019.
_____, 「단 하나의 미얀마는 가능한가」, 『창작과 비평』 49, 창비, 2021.
정고운·이정연, 「아시아 민속무용을 활용한 다문화 통합교육 프로그램 연구」, 『한국초등교육』 28, 서울교육대학교 초등교육연구원, 2017.
정금심, 「한국과 일본의 난민 재정착 법제 비교 연구」, 『공법학연구』 21, 한국비교공법학회, 2020.
정수정·김영식, 「민속표현 활동을 적용한 문화다양성 프로그램이 초등학생들의 다문화 수용 태도 및 인식 변화에 미치는 효과」, 『한국초등체육학회지』 21, 한국초등체육학회, 2015.
정연학, 「다문화 사회로의 정착과 외국인 자국 전통문화 전승 실태」, 『한국민속학』 62, 한국민속학회, 2015.
정정숙, 「다문화교육에 기초한 민속미술지도를 위한 기초 연구」, 『사향미술교육논총』 4, 한국미술교과교육학회, 1996.
조영희, 「한국의 재정착 난민제도 시행평가 및 발전방향 검토」, 『IOM이민정책연구원 정책보고서』, IOM이민정책연구원, 2017.
진현정, 「민속의상을 활용한 초등 다문화교육 프로그램 개발」, 『한국실과교육학회지』 25, 한국실과교육학회, 2012.
채보근, 「우리나라 재정착난민의 사례연구 정책에 대한 고찰」, 『문화교류와 다문화교육』 9, 한국국제문화교류학회, 2020.
최원오, 「다문화사회와 구비문학교육」, 『어문학』 106, 한국어문학회, 2009.
최종성, 「조선전기 종교혼합과 反혼합주의: 유교, 불교, 무속을 중심으로」, 『종교연구』 47, 한국종교학회, 2007.
편무영, 「韓國宗敎民俗試論序說」, 편무영 외 지음, 『韓國宗敎民俗試論』, 민속원, 2004.
한정훈, 「이주민 공동체의 정착 공간과 얽히는 시선들-광주 고려인마을을 대상으로」, 『실천민속학연구』 35, 실천민속학회, 2020.
허정, 「유한성과 취약성이라는 공통성」, 『다문화콘텐츠연구』 14, 중앙대학교 문화콘텐츠기술연구원, 2013.
홍문숙, 「미얀마 2020: NLD 총선 승리의 시사점과 평화-민주주의-발전의 위기」, 『동남아시아연구』 31, 한국동남아학회, 2021.
Saw Eh Poe, "A Critical Understanding of God "Ywah" and Its Impact on the

Role of KKBBSC From the Perspective of Karen Refugees (Mae La Camp)", Master's thesis, Yonsei University, 2020.

자료

『이주 용어 사전』 제2판.

『난민법』, 법무부, 2016.12.20. 일부개정 및 시행.

법무부 출입국·외국인정책본부, 『출입국·외국인정책 통계월보』, 2022. 2.

송소영, 「한국의 재정착희망난민 도입 방안」, 2014년 한국의 재정착난민 도입방안을 위한 공청회 자료집.

채널A 뉴스, 「난민 신청 악용한 불법 체류…'공공연한 비밀'」, 〈유튜브〉, 2018년 7월 11일 게시, 2022년 2월 15일 접속.
https://https://www.youtube.com/watch?v=J3FA93rpA44

김태훈, 「사실상 '가짜 난민'판명…'출도제한 해제' 새 쟁점」, 〈세계일보〉, 2018년 9월 14일 게시, 2022년 2월 15일 접속.
https://www.segye.com/newsView/20180914003136

문은주, 「캐나다, 파리 테러로 난민 수용 반대 의견 확산…트뤼도 "수용 계획 불변"」, 〈아주경제〉, 2015년 11월 17일 게시, 2022년 5월 31일 접속.
https://www.ajunews.com/view/20151117093124860

황덕현, 「한 장소, 두 목소리…제주 예멘 난민 수용 찬반 집회」, 〈News1〉, 2018년 6월 30일 게시, 2022년 2월 17일 접속.
https://www.news1.kr/articles/?3359517

배상철·조수진, 「[종합]"예멘인 난민으로 인정"vs"가짜난민 전원 추방"」, 〈NEWSIS〉, 2018년 10월 17일 게시, 2022년 2월 15일 접속.
https://newsis.com/view/?id=NISX20181017_0000445698

Michael Mathes, 「House votes to suspend US refugee program」, 〈Yahoo News〉, 2015년 11월 20일 게시, 2022년 5월 30일 접속.
http://news.yahoo.com/us-house-passes-bill-suspending-syria-refugee-program-190747570.html?soc_src=social-sh&soc_trk

Ashley Fantz·Ben Brumfield, 「More than half the nation's governors say

Syrian refugees not welcome」, 〈CNN〉, 2015년 11월 19일 게시, 2022년 5월 30일 접속. https://edition.cnn.com/2015/11/16/world/paris-attacks-syrian-refugees-backlash/

Patrick J. Mcdonnell · Alexandra Zavis, 「Slain Paris plotter's Europc ties facilitated travel from Syria」, 〈Los Angeles Times〉, 2015년 11월 20일 게시, 2022년 5월 31일 접속. https://www.latimes.com/world/europe/la-fg-paris-attacks-mastermind-20151119-story.html

KKBBSC 홈페이지, 〈http://kkbbsc.weebly.com〉.
YouTube, 〈http://www.youtube.com〉.
Facebook, 〈https://www.facebook.com〉.

부록1

난민법(법률 제14408호)*
일부 발췌

난민법

[시행 2016. 12. 20.] [법률 제 14408호, 2016. 12. 20., 일부개정]

제1장 총칙

제1조(목적) 이 법은 「난민의 지위에 관한 1951년 협약」(이하 "난민협약"이라 한다) 및 「난민의 지위에 관한 1967년 의정서」(이하 "난민의정서"라 한다) 등에 따라 난민의 지위와 처우 등에

---

* 『난민법』, 법무부, 2016. 12. 20. 일부개정 및 시행. 본문의 이해를 돕기 위해 대한민국에서 현행 중인 난민법의 일부를 발췌하여 실었다. 내용의 발췌와 강조표시는 저자.

관한 사항을 정함을 목적으로 한다.

제2조(정의) 이 법에서 사용하는 용어의 뜻은 다음과 같다.

1. "난민"이란 인종, 종교, 국적, 특정 사회집단의 구성원인 신분 또는 정치적 견해를 이유로 박해를 받을 수 있다고 인정할 충분한 근거가 있는 공포로 인하여 국적국의 보호를 받을 수 없거나 보호받기를 원하지 아니하는 외국인 또는 그러한 공포로 인하여 대한민국에 입국하기 전에 거주한 국가(이하 "상주국"이라 한다)로 돌아갈 수 없거나 돌아가기를 원하지 아니하는 무국적자인 외국인을 말한다.
2. "난민으로 인정된 사람"(이하 "난민인정자"라 한다)이란 이 법에 따라 난민으로 인정을 받은 외국인을 말한다.
3. "인도적 체류 허가를 받은 사람"(이하 "인도적체류자"라 한다)이란 제1호에는 해당하지 아니하지만 고문 등의 비인도적인 처우나 처벌 또는 그 밖의 상황으로 인하여 생명이나 신체의 자유 등을 현저히 침해당할 수 있다고 인정할 만한 합리적인 근거가 있는 사람으로서 대통령령으로 정하는 바에 따라 법무부장관으로부터 체류허가를 받은 외국인을 말한다.
4. "난민인정을 신청한 사람"(이하 "난민신청자"라 한다)이란 대한민국에 난민인정을 신청한 외국인으로서 다음 각 목의 어느 하나에 해당하는 사람을 말한다.

가. 난민인정 신청에 대한 심사가 진행 중인 사람

나. 난민불인정결정이나 난민불인정결정에 대한 이의신청의 기각결정을 받고 이의신청의 제기기간이나 행정심판 또는 행

정소송의 제기기간이 지나지 아니한 사람

다. 난민불인정결정에 대한 행정심판 또는 행정소송이 진행 중인 사람

5. "재정착희망난민"이란 대한민국 밖에 있는 난민 중 대한민국에서 정착을 희망하는 외국인을 말한다.

6. "외국인"이란 대한민국의 국적을 가지지 아니한 사람을 말한다.

(중략)

제2장 난민인정 신청과 심사 등

(중략)

제17조(인적사항 등의 공개 금지) ① 누구든지 난민신청자와 제13조에 따라 면접에 동석하는 사람의 주소·성명·연령·직업·용모, 그 밖에 그 난민신청자 등을 특정하여 파악할 수 있게 하는 인적사항과 사진 등을 공개하거나 타인에게 누설하여서는 아니 된다. 다만, 본인의 동의가 있는 경우는 예외로 한다.

② 누구든지 제1항에 따른 난민신청자 등의 인적사항과 사진 등을 난민신청자 등의 동의를 받지 아니하고 출판물에 게재하거나 방송매체 또는 정보통신망을 이용하여 공개하여서는 아니 된다.

③ 난민인정 신청에 대한 어떠한 정보도 출신국에 제공되어서는 아니 된다.

제18조(난민의 인정 등) ① 법무부장관은 난민인정 신청이 이유 있다고 인정할 때에는 난민임을 인정하는 결정을 하고 난민인정증명서를 난민신청자에게 교부한다.
② 법무부장관은 난민인정 신청에 대하여 난민에 해당하지 아니한다고 결정하는 경우에는 난민신청자에게 그 사유와 30일 이내에 이의신청을 제기할 수 있다는 뜻을 적은 난민불인정결정통지서를 교부한다.
③ 제2항에 따른 난민불인정결정통지서에는 결정의 이유(난민신청자의 사실 주장 및 법적 주장에 대한 판단을 포함한다)와 이의신청의 기한 및 방법 등을 명시하여야 한다.
④ 제1항 또는 제2항에 따른 난민인정 등의 결정은 난민인정신청서를 접수한 날부터 6개월 안에 하여야 한다. 다만, 부득이한 경우에는 6개월의 범위에서 기간을 정하여 연장할 수 있다.
⑤ 제4항 단서에 따라 기간을 연장한 때에는 종전의 기간이 만료되기 7일 전까지 난민신청자에게 통지하여야 한다.
⑥ 제1항에 따른 난민인정증명서 및 제2항에 따른 난민불인정결정통지서는 지방출입국·외국인관서의 장을 거쳐 난민신청자나 그 대리인에게 교부하거나 「행정절차법」 제14조에 따라 송달한다. 〈개정 2014. 3. 18.〉

제19조(난민인정의 제한) 법무부장관은 난민신청자가 난민에 해당한다고 인정하는 경우에도 다음 각 호의 어느 하나에 해당된다고 인정할만한 상당한 이유가 있는 경우에는 제18조제1항에도 불구하고 난민불인정결정을 할 수 있다.

1. 유엔난민기구 외에 유엔의 다른 기구 또는 기관으로부터 보호 또는 원조를 현재 받고 있는 경우. 다만, 그러한 보호 또는 원조를 현재 받고 있는 사람의 지위가 국제연합총회에 의하여 채택된 관련 결의문에 따라 최종적으로 해결됨이 없이 그러한 보호 또는 원조의 부여가 어떠한 이유로 중지되는 경우는 제외한다.

2. 국제조약 또는 일반적으로 승인된 국제법규에서 정하는 세계평화에 반하는 범죄, 전쟁범죄 또는 인도주의에 반하는 범죄를 저지른 경우

3. 대한민국에 입국하기 전에 대한민국 밖에서 중대한 비정치적 범죄를 저지른 경우

4. 국제연합의 목적과 원칙에 반하는 행위를 한 경우

제20조(신원확인을 위한 보호) ① 출입국관리공무원은 난민신청자가 자신의 신원을 은폐하여 난민의 인정을 받을 목적으로 여권 등 신분증을 고의로 파기하였거나 거짓의 신분증을 행사하였음이 명백한 경우 그 신원을 확인하기 위하여「출입국관리법」제51조에 따라 지방출입국·외국인관서의 장으로부터 보호명령서를 발급받아 보호할 수 있다. 〈개정 2014. 3. 18.〉

② 제1항에 따라 보호된 사람에 대하여는 그 신원이 확인되거나 10일 이내에 신원을 확인할 수 없는 경우 즉시 보호를 해제하여야 한다. 다만, 부득이한 사정으로 신원 확인이 지체되는 경우 지방출입국·외국인관서의 장은 10일의 범위에서 보호를 연장할 수 있다. 〈개정 2014. 3. 18.〉

제21조(이의신청) ① 제18조제2항 또는 제19조에 따라 난민불인정 결정을 받은 사람 또는 제22조에 따라 난민인정이 취소 또는 철회된 사람은 그 통지를 받은 날부터 30일 이내에 법무부장관에게 이의신청을 할 수 있다. 이 경우 이의신청서에 이의의 사유를 소명하는 자료를 첨부하여 지방출입국·외국인관서의 장에게 제출하여야 한다. 〈개정 2014. 3. 18.〉
② 제1항에 따른 이의신청을 한 경우에는 「행정심판법」에 따른 행정심판을 청구할 수 없다.
③ 법무부장관은 제1항에 따라 이의신청서를 접수하면 지체 없이 제25조에 따른 난민위원회에 회부하여야 한다.
④ 제25조에 따른 난민위원회는 직접 또는 제27조에 따른 난민조사관을 통하여 사실조사를 할 수 있다.
⑤ 그 밖에 난민위원회의 심의절차에 대한 구체적인 사항은 대통령령으로 정한다.
⑥ 법무부장관은 난민위원회의 심의를 거쳐 제18조에 따라 난민인정 여부를 결정한다.
⑦ 법무부장관은 이의신청서를 접수한 날부터 6개월 이내에

이의신청에 대한 결정을 하여야 한다. 다만, 부득이한 사정으로 그 기간 안에 이의신청에 대한 결정을 할 수 없는 경우에는 6개월의 범위에서 기간을 정하여 연장할 수 있다.

⑧ 제7항 단서에 따라 이의신청의 심사기간을 연장한 때에는 그 기간이 만료되기 7일 전까지 난민신청자에게 이를 통지하여야 한다.

제22조(난민인정결정의 취소 등) ① 법무부장관은 난민인정결정이 거짓 서류의 제출이나 거짓 진술 또는 사실의 은폐에 따른 것으로 밝혀진 경우에는 난민인정을 취소할 수 있다.

② 법무부장관은 난민인정자가 다음 각 호의 어느 하나에 해당하는 경우에는 난민인정결정을 철회할 수 있다.

1. 자발적으로 국적국의 보호를 다시 받고 있는 경우
2. 국적을 상실한 후 자발적으로 국적을 회복한 경우
3. 새로운 국적을 취득하여 그 국적국의 보호를 받고 있는 경우
4. 박해를 받을 것이라는 우려 때문에 거주하고 있는 국가를 떠나거나 또는 그 국가 밖에서 체류하고 있다가 자유로운 의사로 그 국가에 재정착한 경우
5. 난민인정결정의 주된 근거가 된 사유가 소멸하여 더 이상 국적국의 보호를 받는 것을 거부할 수 없게 된 경우
6. 무국적자로서 난민으로 인정된 사유가 소멸되어 종전의 상주국으로 돌아갈 수 있는 경우

③ 법무부장관은 제1항 또는 제2항에 따라 난민인정결정을 취소 또는 철회한 때에는 그 사유와 30일 이내에 이의신청을 할 수 있다는 뜻을 기재한 난민인정취소통지서 또는 난민인정 철회통지서로 그 사실을 통지하여야 한다. 이 경우 통지의 방법은 제18조제6항을 준용한다.

제23조(심리의 비공개) 난민위원회나 법원은 난민신청자나 그 가족 등의 안전을 위하여 필요하다고 인정하면 난민신청자의 신청에 따라 또는 직권으로 심의 또는 심리를 공개하지 아니하는 결정을 할 수 있다.

제24조(재정착희망난민의 수용) ① 법무부장관은 재정착희망난민의 수용 여부와 규모 및 출신지역 등 주요 사항에 관하여 「재한외국인 처우 기본법」 제8조에 따른 외국인정책위원회의 심의를 거쳐 재정착희망난민의 국내 정착을 허가할 수 있다. 이 경우 정착허가는 제18조제1항에 따른 난민인정으로 본다. ② 제1항에 따른 국내정착 허가의 요건과 절차 등 구체적인 사항은 대통령령으로 정한다.

(후략)

부록2

한국거주민을 위한 카렌어 교재*

이 교재는 호주에 거주하고 있는 기독교 카렌 공동체 소속 성직자가 제작하여 한국에서 카렌어를 배우고자 하는 이들이 사용할 수 있도록 공유한 책이다. 교재를 통해 일상적인 생활 어휘를 학습할 수 있으며, 각기 다른 환경으로 이주한 카렌족에게 제시하는 보편적 생활상과 문화, 가치관 등을 직간접적으로 살필 수 있다. 전통의상과 카렌 국기 등 시각적인 상징과 더불어 '학교에 가는 것이 기쁘다', '맛있는 엄마의 요리', '미디어 시청은 하루에 한 시간' 등으로 제시된 문장의 의미를 눈여겨 볼 만 하다.

* ⓒ 2021 Ler Ka Paw Say

ကိးနံၤဒဲးနွ့ၣ်ယမံဂဲၤဆၢထၢၣ်လၢ ဂီၤခီနွံနၣ်ရံၣ်လီၤ．

Every day I wake up at 7 o'clock in the morning.

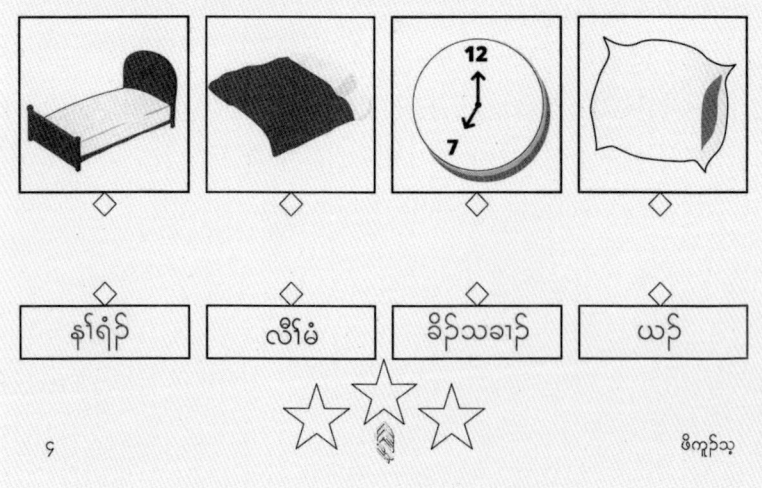

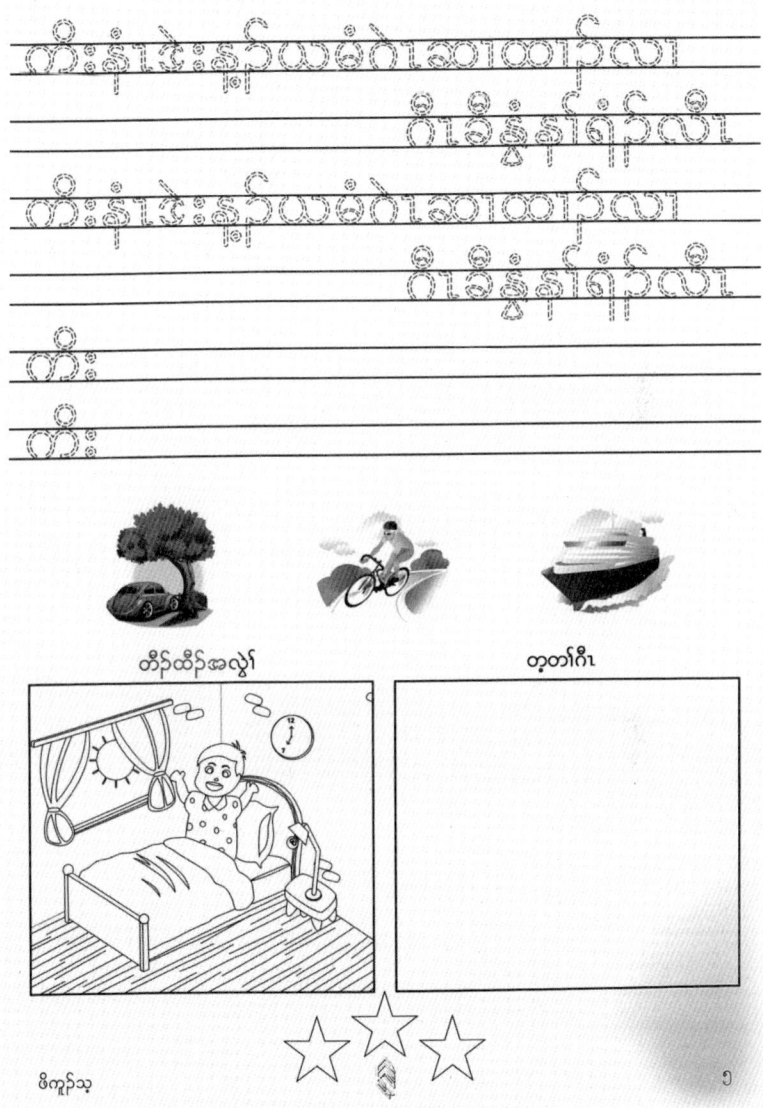

ယကူသိးထီၣ်ဝံၤဒီးယကလဲၤထီၣ်ကိူ.

After I get dressed, I'll go to school.

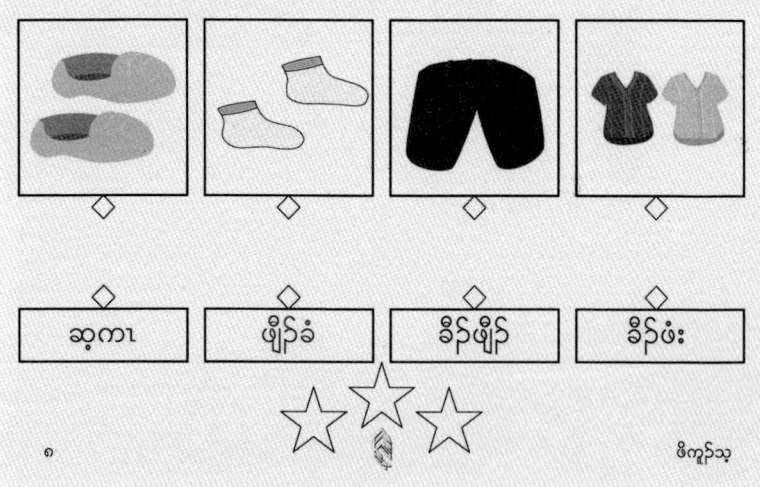

ယကလဲၤထီၣ်ကိုနံၢ်ယသးဖှံဒိၣ်မး.

I'm so happy to go to school.

ယအိၣ်မှၤဒိးကသူလၢယမိၢ်ဖိအိၣ်ဝံၣ်မးလီၤ．

I eat rice with my mum's tasty cooked curry.

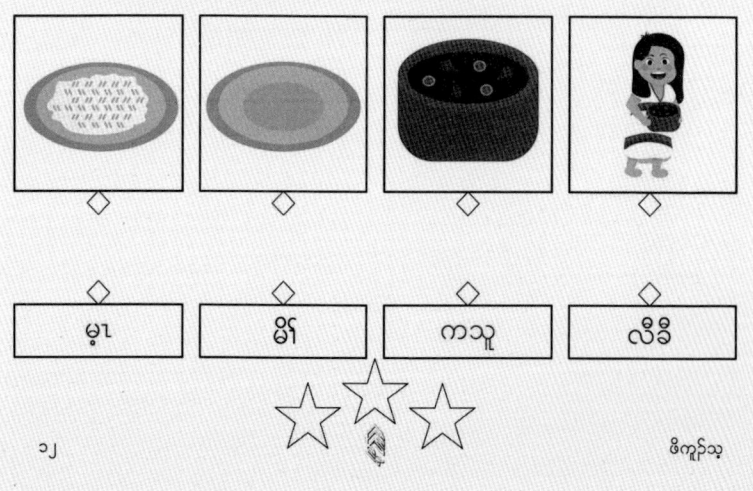

ယအိၣ်ၛၢးကသူလၢယၢိဖိအိၣ်
ဟံးလၢ်

ယအိၣ်ၛၢးကသူလၢယၢိဖိအိၣ်
ဟံးလၢ်

သ

သ

တိၣ်ထိၣ်အလွဲၢ်   တွဲတၢ်ဂီၤ

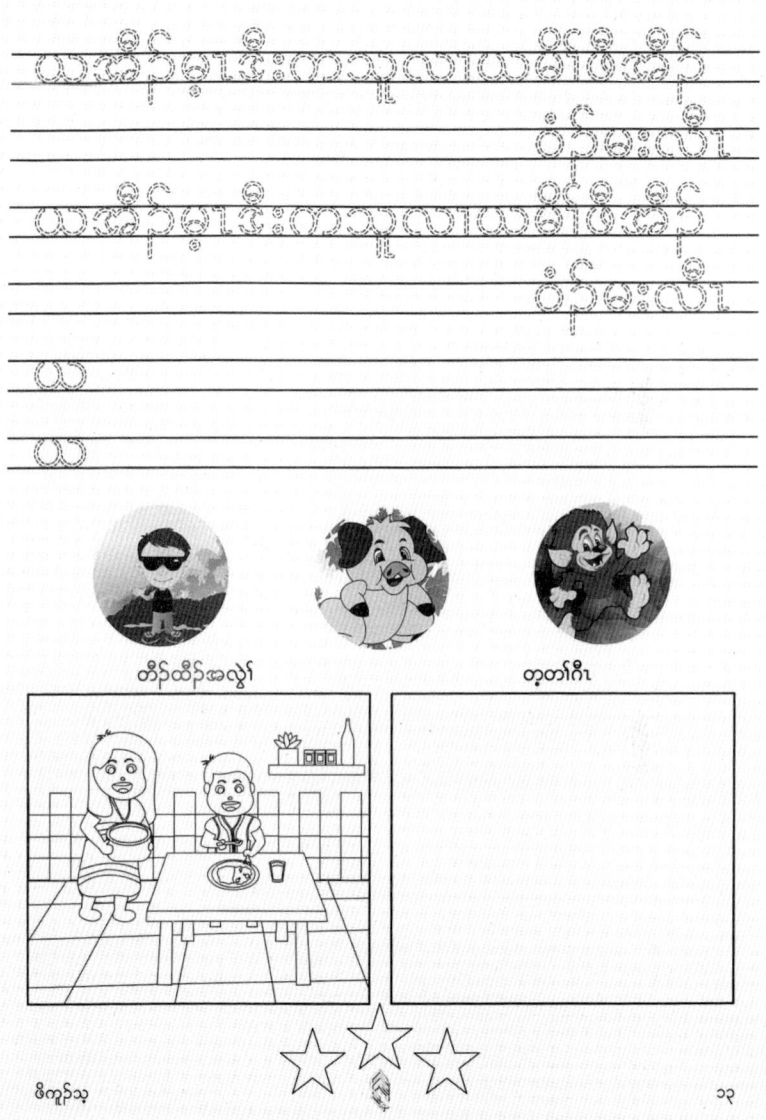

ဖိကွၣ်သှ

၁၃

ယကွၢ်တၢ်ဂီၤမူတနံၤထဲတနၣ်ရံၣ်လီၤ.

I only watch movies for one hour each day.

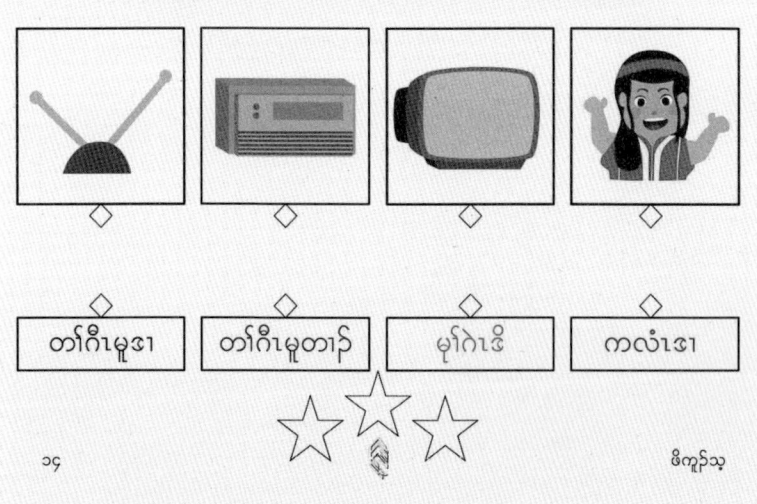

찾아보기

가

개신교 카렌족　36, 37, 69, 71, 75, 76
경계 횡단　80, 110, 112, 113
계절노동자　159
고유성　24, 60
공동체문화　20, 25, 157, 160, 167
관계망　33, 36, 40, 101, 110, 147, 148, 153, 154, 174
교정 메커니즘　116, 117, 122, 126
구분선　146, 156, 158, 160~162, 167, 174, 175
국민-국가　30, 81, 133
군부정권　52
꼬뚤레　55, 62, 65, 84, 85, 127

나

난민-공동체-되기　31, 34, 112, 134, 174
난민법　92, 102
난민협약　51, 90

다 라

다문화주의　13, 14
동일성　34, 162
동정　36
되기devenir　32
들뢰즈Gilles Deleuze　32
디아스포라　84

로힝자　50

마

마주침 60
매스미디어 136
메숏 56
멜라 난민 캠프 60
모방 129
민속사회 156
민속실천 19
민속종교 156
민속현상 156
민족국가 55
민족주의 55
민족주의운동 45
민주화 운동 47
민중 82

바

바바Homi K. Bhabha 82
반反구조 114
반식민주의 83
배제 87
버마족 116
변용 134
봄의 혁명 42
빅터 터너Victor Turner 114

사

생활세계 146
서발터니티 29
서발턴 29
소수민족 45
스고카렌 59
스피노자Baruch Spinoza 145
스피박Gayatri Chakravorty Spivak 29
습합 17
싱크리티즘 18

아

안타고니스트 128
양태 144
예멘 난민 28
욕망 31
유엔난민기구 55
유와 63
윤리학 145
의례 구조 35, 114
의례문화 162
이산 169
이주노동자 22
이질성 23

자

자본주의　81
(재)구성　78
(재)생산　166
재영토화　170
(재)정착　80
재정착난민　175
재한 카렌족　24
재현　29
접속점　161
정동　169
제2차 세계대전　78
제국주의　81
제삼국재정착　93
존재 상태　110
종교행사　148
종족성　165
주변부　173
중첩　174
지라르René Girard　129

카

카렌민족연합　55
커뮤니타스　130
코로나바이러스　43
쿠데타　44
킨 미니스트리　37

타

타자화　127
특이성　169

파

파리 테러　142
8888봉기　44

하

혐오　143
호모 사케르　30
혼종성　83
희생양　117

영문

IDP　62
KKBBSC　37
UNHCR　90

후속세대연구총서④

공동체의 이산과 난민의 정동

초판1쇄 발행 2023년 3월 30일

기 획 국립안동대학교 민속학연구소 공동체문화연구사업단
지은이 정민지
펴낸이 홍종화

편집·디자인 오경희·조정화·오성현·신나래
　　　　　　박선주·이효진·정성희
관리 박정대

펴낸곳 민속원
창업 홍기원
출판등록 제1990-000045호
주소 서울 마포구 토정로25길 41(대흥동 337-25)
전화 02) 804-3320, 805-3320, 806-3320(代)
팩스 02) 802-3346
이메일 minsok1@chollian.net, minsokwon@naver.com
홈페이지 www.minsokwon.com

ISBN 978-89-285-1830-2
SET 978-89-285-1454-0 94380

ⓒ 정민지, 2023
ⓒ 민속원, 2023, Printed in Seoul, Korea

이 책은 저작권법에 따라 보호를 받는 저작물이므로 무단전재와 복제를 금지하며,
이 책의 전부 또는 일부를 이용하려면 반드시 저작권자와 출판사의 서면동의를 받아야 합니다.